中华复兴之光
神奇建筑之美

# 祭祀神圣庙宇

胡元斌 主编

汕头大学出版社

**图书在版编目（CIP）数据**

祭祀神圣庙宇 / 胡元斌主编. -- 汕头 ： 汕头大学
出版社，2016.3（2023.8重印）
　（神奇建筑之美）
　ISBN 978-7-5658-2458-6

　Ⅰ．①祭… Ⅱ．①胡… Ⅲ．①寺庙－介绍－中国
Ⅳ．①K928.75

中国版本图书馆CIP数据核字(2016)第044188号

**祭祀神圣庙宇**　　　　　　　　**JISI SHENSHENG MIAOYU**

主　　编：胡元斌
责任编辑：宋倩倩
责任技编：黄东生
封面设计：大华文苑
出版发行：汕头大学出版社
　　　　　广东省汕头市大学路243号汕头大学校园内　邮政编码：515063
电　　话：0754-82904613
印　　刷：三河市嵩川印刷有限公司
开　　本：690mm×960mm　1/16
印　　张：8
字　　数：98千字
版　　次：2016年3月第1版
印　　次：2023年8月第4次印刷
定　　价：39.80元
ISBN 978-7-5658-2458-6

# 前　言

　　党的十八大报告指出："把生态文明建设放在突出地位，融入经济建设、政治建设、文化建设、社会建设各方面和全过程，努力建设美丽中国，实现中华民族永续发展。"

　　可见，美丽中国，是环境之美、时代之美、生活之美、社会之美、百姓之美的总和。生态文明与美丽中国紧密相连，建设美丽中国，其核心就是要按照生态文明要求，通过生态、经济、政治、文化以及社会建设，实现生态良好、经济繁荣、政治和谐以及人民幸福。

　　悠久的中华文明历史，从来就蕴含着深刻的发展智慧，其中一个重要特征就是强调人与自然的和谐统一，就是把我们人类看作自然世界的和谐组成部分。在新的时期，我们提出尊重自然、顺应自然、保护自然，这是对中华文明的大力弘扬，我们要用勤劳智慧的双手建设美丽中国，实现我们民族永续发展的中国梦想。

　　因此，美丽中国不仅表现在江山如此多娇方面，更表现在丰富的大美文化内涵方面。中华大地孕育了中华文化，中华文化是中华大地之魂，二者完美地结合，铸就了真正的美丽中国。中华文化源远流长，滚滚黄河、滔滔长江，是最直接的源头。这两大文化浪涛经过千百年冲刷洗礼和不断交流、融合以及沉淀，最终形成了求同存异、兼收并蓄的最辉煌最灿烂的中华文明。

五千年来，薪火相传，一脉相承，伟大的中华文化是世界上唯一绵延不绝而从没中断的古老文化，并始终充满了生机与活力，其根本的原因在于具有强大的包容性和广博性，并充分展现了顽强的生命力和神奇的文化奇观。中华文化的力量，已经深深熔铸到我们的生命力、创造力和凝聚力中，是我们民族的基因。中华民族的精神，也已深深植根于绵延数千年的优秀文化传统之中，是我们的根和魂。

　　中国文化博大精深，是中华各族人民五千年来创造、传承下来的物质文明和精神文明的总和，其内容包罗万象，浩若星汉，具有很强文化纵深，蕴含丰富宝藏。传承和弘扬优秀民族文化传统，保护民族文化遗产，建设更加优秀的新的中华文化，这是建设美丽中国的根本。

　　总之，要建设美丽的中国，实现中华文化伟大复兴，首先要站在传统文化前沿，薪火相传，一脉相承，宏扬和发展五千年来优秀的、光明的、先进的、科学的、文明的和自豪的文化，融合古今中外一切文化精华，构建具有中国特色的现代民族文化，向世界和未来展示中华民族的文化力量、文化价值与文化风采，让美丽中国更加辉煌出彩。

　　为此，在有关部门和专家指导下，我们收集整理了大量古今资料和最新研究成果，特别编撰了本套大型丛书。主要包括万里锦绣河山、悠久文明历史、独特地域风采、深厚建筑古蕴、名胜古迹奇观、珍贵物宝天华、博大精深汉语、千秋辉煌美术、绝美歌舞戏剧、淳朴民风习俗等，充分显示了美丽中国的中华民族厚重文化底蕴和强大民族凝聚力，具有极强系统性、广博性和规模性。

　　本套丛书唯美展现，美不胜收，语言通俗，图文并茂，形象直观，古风古雅，具有很强可读性、欣赏性和知识性，能够让广大读者全面感受到美丽中国丰富内涵的方方面面，能够增强民族自尊心和文化自豪感，并能很好继承和弘扬中华文化，创造未来中国特色的先进民族文化，引领中华民族走向伟大复兴，实现建设美丽中国的伟大梦想。

# 目 录

## 观音寺

## 娘娘庙

## 龙王庙

## 财神庙

# 玉皇庙

　　玉皇庙是为祭祀玉皇大帝而特别建造的庙宇。传说玉皇姓张，是极其遥远年代的光严妙乐国的王子，是太上老君在宝月光王后梦中赐予怀孕的神婴。后来他舍弃了王位，在山中学道修真，辅国救民，度化群生，经过"一亿三千二百劫"才当上玉皇大帝。

　　道教认为玉皇为众神之王，在道教神阶中修为境界并不是最高的，但是神权却最大。玉皇上帝除统领天、地、人三界的神灵之外，还管理宇宙万物的兴隆衰败和吉凶祸福，在民间的信仰非常普遍。

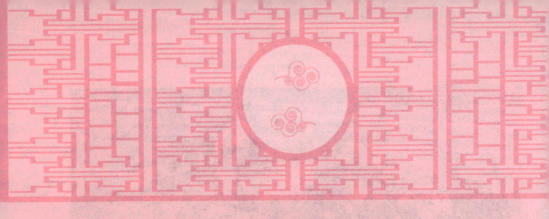

# 小天下的泰山顶玉皇庙

　　泰山顶玉皇庙位于山东省泰安市，是我国五岳之首泰山主峰天柱峰上的一座庙宇，也是泰山最高的一座庙宇。玉皇庙古称太清宫、玉帝祠、玉皇宫、登封台等，是玉皇大帝的供奉之所。

汉武帝登基以后，采取许多富国强兵措施，不仅慑服了匈奴，而且还平定了内乱，出现了国泰民安、经济繁荣的局面。汉武帝好大喜功，对自己开创的天下一统的西汉王朝十分得意，便于110年3月，率领群臣大规模地到泰山进行封禅。

汉武帝来泰山的最高峰天柱峰时，看到以前的帝王来泰山都树碑立传，为自己歌功颂德，对此他嗤之以鼻，很是不屑。

他认为自己功德盖世万民俯首非一小小石碑所能言表，再说立碑名功，简直俗不可耐，于是便别出心裁，立一通无字碑于泰山极顶，让后世敬仰，以彰显自己高上加高、无以言表的功德。

据说汉武帝命人立石碑的时候，岱顶忽然瑞云飘忽，四面霞光。人们从地下挖出了一卷金简玉函，只见上面写道："武帝刘彻，寿终十八。"

汉武帝看后，顿时觉得心惊胆战，恍惚中把它倒读为"八十"，果然，汉武帝活到80岁而谢世，所以人们也将这块碑称为"石函"。

碑为方柱体，高6米，宽1.2米，厚0.9米。由跌座、削身、帽首三层迭递而成，以示高上加高。碑石上下渐削，石色莹白，通体无一纹饰，形制古朴浑厚虽然历经百年露浸雨湿，却丝毫不生苔藓。

据说，每当艳阳普照的时候，石碑便熠熠发光，金光射目，碑中就会隐隐约约显现出几行篆字，内容为歌颂武帝的功德，远视则有，近视则无，可谓一个奇绝。

后来，汉武帝下令在无字碑后建造玉皇庙，以彰显自己至高无上。玉皇庙坐北面南，前围垣墙。山门为石砌券拱，采用单间歇山卷棚顶，门额外镌"敕修玉皇顶"，内镌"泰山极顶"。院内正殿3间，为单檐硬山式结构，顶覆铁瓦，殿内奉祀玉皇大帝及二侍者塑像。

1483年，明宪宗朱见深诏令中使钱喜以内帑金重建玉皇庙，由山门、玉皇殿、观日亭、望河亭、东西道房组成。玉皇庙为一长方形院落，南北宽24米左右，东西长近30米，面积670平方米。

玉皇殿为3间，前后为步廊式，屋面原铺有筒瓦和绿色的琉璃瓦，后在修葺中换成黄色的琉璃瓦，显得庄严而大气。

殿内祀奉的是新铸的玉皇大帝铜像，玉皇大帝是我国道教中的最高神祇，是众神之皇，也是宇宙的统领者，神龛上原有"柴望遗风"的匾额，说明历代帝王都热衷于登此燔柴祭天，用于祭祀山川诸神，保佑国泰民安。

玉皇大帝身着九章法服，头戴十二行珠冠冕旒，双目下视，其神情既雍容和

善，又端庄严肃，自然散发出一种宁静、飘逸、超然的风度，透露出他无上的权威和超神的智慧。

玉皇大帝左边是托塔李天王、泰山石敢当和寿星塑像，右边是太白金星守护、泰山老奶奶和财神爷。

东配殿里供奉的是观音神像，他相貌端庄慈祥，手持净瓶杨柳，慈眉善目，俯瞰着天下的众生。西配殿里供奉的是财神。整体来看，庙宇建筑错落有致，庄严肃穆，让人忍不住心生崇拜。

院中央立有"极顶石"，上面标志着泰山的最高点，后来在周围围以石栏，额书朱红"极顶"两字，并有"海拔1545米"的标记。"东天一柱"和后来郭沫若题写的《观日诗碑》傍列其侧。

极顶石的西北侧有"古登封台"碑刻，表明历代帝王封泰山时多在此设坛祭天。

因为泰山是天的象征，于是号为天子的君王们都与泰山结下了不解之缘。自原始社会晚期至封建社会后期，逐渐在我国历史上形成了一种极其隆重的旷世大典，也就是封禅大典。

凡是易姓而起或功高德显的帝王，自认为会被天神赐予吉祥的符瑞，他便有资格到泰山报告成功，答谢受命于天之恩，据记载，共有12个帝王到泰山举行封禅祭祀活动。

1572年8月，河道总督万恭治河成功，明穆宗朱载垕特祀泰山，并立《表泰山之巅碑》。碑阳书有"泰山之巅"4个大字，文勒碑阴，书法刚劲有力，雄健洒脱。碑原立于顶石之旁。

同年，在殿前增建观日、望河二亭。观日亭可看旭日东升、晚霞夕照，望河亭可赏黄河金带、云海玉盘等奇观。

1684年，康熙皇帝下令在东南宽敞的平顶峰建乾坤亭，上刻"孔子小天下处"，以示对泰山的崇拜和对孔子的崇敬。

此外，在泰山玉皇庙周边还有大量的石刻和碑碣，集我国书法艺术之大成，真草隶篆各体俱全，颜柳欧赵各派毕至，是我国历代书法及石刻艺术的博览馆。

关于泰山无字碑的来历，还有其他说法。世人多传为秦始皇立，说秦始皇在统一六国之后，认为自己功德难铭。于是，一字不錾地立了无字碑。

当然，也有人认为这块碑原本是有字碑，在泰山顶经过长期的风雨侵蚀，使得碑上原有的文字被风化，以至于剥落殆尽，最终形成了无字碑。

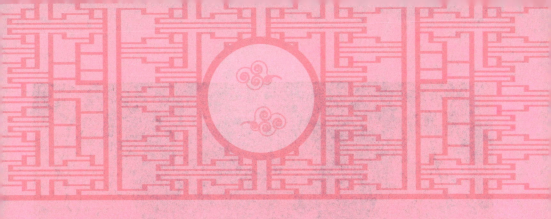

# 木构阁楼的天津玉皇阁

天津玉皇阁位于老城东北角南侧，是北运河与海河交汇处的三岔口西岸，近邻海河，坐西朝东。始建于1368年的明朝洪武年间，后来经过历朝的修葺，成为古代天津规模最大的道教建筑群，已经有600多年的历史了。

天津玉皇阁原有的建筑群落十分庞大，由旗杆、牌楼、山门、钟鼓楼、前殿、八挂亭、清虚阁、南斗楼、北斗楼以及三清殿组成，其中清虚阁是庙内的主体建筑。

到了近代，由于各

种原因，玉皇阁的建筑群落遭到了严重的破坏，清虚阁是玉皇阁建筑群中唯一保留下来的一座明代建筑，也是天津年代最早的一座木结构楼阁，但依然沿用了玉皇阁的名称。

清虚阁建在用砖石垒成的台基上，台基高1.5米左右。台阶踏步6级，两侧设有垂带石。整个楼阁分为上下两层。九脊歇山顶，占地面积近300平方米。

其中梁架结构具有明显的明代风格。梁上依旧可以清晰地看到一条条的"千秋带"，上面清楚地记载着历朝为它修缮的年代。

清虚阁上层檐下设有木制回廊，廊进深1.1米，方形檐柱，宝瓶式栏杆，站在廊中可凭栏远眺，四方景色尽在眼底。

殿内主要供奉的是在道教神系中地位仅次于三清的玉皇大帝，它是道教世界中级别最高的神明之一。但在民间的神仙世界中，玉皇大帝却是众神之王，统领三界十方，就连人间的皇帝也由它管辖，因此玉皇大帝也就成为了人们心目中的世界主宰。

玉皇大帝身穿九章法服，头戴十二行珠冠冕旒，手持玉笏，金童和玉女分侍两边。玉皇大帝一副秦汉帝王的装扮，是人间帝王形象的生动再现。

在玉皇大帝神像的两侧，配祀有斗姆神像和两尊侍奉在玉皇大帝身边的侍者，其中一尊侍者就是"三只眼的马王"，是守护玉皇大帝的天神。

马王也叫"灵官"，是道教中的护法神将。马王赤面髯须，身披金甲红袍，三目怒视，左持风火轮，右举钢鞭，形象极其威武勇猛。

斗姆神像则为额生3目，肩扛4头，左右各有4条长臂，正中两手合掌，其余各手分别执有日、月、宝铃、金印、弓、戟等。斗姆位镇中天，统领三界，是诸天法王之师。

相传，斗姆在每年的庚申、甲子、三元八节之日就会下降到人间解厄赐福。

天津玉皇阁楼阁的顶盖为九脊歇山顶，檐芯为黄色琉璃瓦，脊、兽和檐头瓦是绿色琉璃瓦。

这种建筑做法在古代建筑中是极为少见的，是当时天津等级规格最高的木结构楼阁。殿内四周墙壁上绘制有许多壁画，雕梁画栋，栩栩如生。

至后来，由于年久失修，玉皇阁建筑已经残破不堪，墙内14根檐柱全部糟朽，上下层檐头翼角变形严重，瓦屋面瓦件、脊饰件残缺损坏。

屋面灰背开裂、漏雨严重，油饰地仗已剥落，室内外彩画破旧难辨，已经失去保护木构件和美化建筑物的作用。地面、台明、墙体、楼板、栏杆等均有不同程度的损坏。

于是朝廷按照"修旧如旧，恢复原貌"的方案，沿用原来的建筑

材料，将一些风雨侵蚀比较严重的部位，根据历史资料最大限度地恢复。

玉皇阁内的精致彩画，对于无法保留的，组织专门人员按原彩画的色调和工艺进行重新描画，使得这座明代古典楼阁式建筑重新焕发出了光彩。

玉皇阁濒临三岔河口，是津郡明清时期重要的民俗活动场所之一。每逢"九九"重阳节之日，四乡人士云集此处，登高赏菊，盛极一时。

1722年在天津任盐官的鲁之裕写的《玉皇阁》中说道：

直在云霄上，蓬瀛望可通。

万帆风汇午，一镜水涵空。

　　写出了玉皇阁巍峨高耸，视野开阔，以及海河平如明镜，百舸争流的景象。

　　一年当中，民间对玉皇大帝的祭祀活动主要有两次，一次是农历正月初九的玉皇诞辰庆典，另一次是农历腊月二十五的玉皇出巡庆典。届时，善男信女纷纷前来敬香，玉皇阁内道士也要举办规模隆重的道场，诵经礼忏，迎接玉皇御驾。

　　玉皇阁外，民间各路表演团体前来献艺，来自各地的商贾也云聚于此销售各种商品，这自然形成的庙会为阁内外呈现出一派繁华热闹的景象。

　　除此之外，在玉皇阁举行的其他活动还有很多，如农历正月初八的"祭星"活动，用于祈福求顺。九月初九的"攒斗"和重阳登高则用于消病免灾。攒斗是一项祭祀斗姆的活动。

民间传说农历九月初九是斗姥元君的生日，在此之前，人们要到玉皇阁进香，为斗姆上寿，以求能够增福延寿，消灾免劫。

玉皇阁内的道士们要将人们所进贡的香一层一层地摆在山门里院中斗座上，堆垒成粗大的圆形高柱，人们称为"攒斗"。

"斗"，实际上是用香堆集而成的香柱，人们所攒的"斗"底盘直径可达2.7米左右，高约5.3米，自农历九月初八夜半时点燃。

人们认为这个时候是斗姆下界接受香火的时候，点燃是为了给斗姆接驾。

这时，道士还要诵经作北斗会，斗可一直燃烧至农历九月十五，历时一周，遇到雨水也不会熄灭，十分神奇。

玉皇阁是天津唯一的明代木结构楼阁，虽然红漆大柱已经斑驳，但是建筑整体却仍旧散发出浓浓的历史文化底蕴，给人庄严肃穆之感。

斗姆在传说中是远古一个国家的王妃，名叫紫光，其性情温顺、贤惠。一年春天在莲池中感生9子，老大勾陈星后来成为玉皇大帝，老二北极星成为紫微大帝，其余7子为北斗七星，分别为贪狼、巨门、禄存、文曲、廉贞、武曲和破军七星。

紫光夫人因生9子有德，被封为"北斗九真圣德天后"。天后宫和玉皇阁内都供有斗姆神像。斗姆的大悲大愿就是"众生有难若称名，斗姆寻声来救苦"。

所以，斗姆在人们心目中一直都是解厄、赐福、消灾、改命、有求必应的祖师，道教中还有专门朝礼斗姆的祈禳仪式。

知识点滴

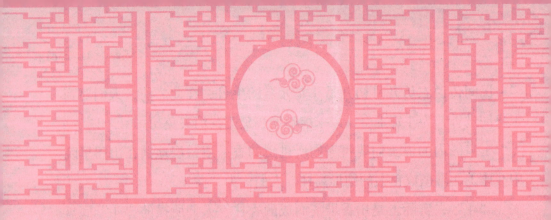

# 城防功能的蔚县玉皇阁

蔚县玉皇阁位于河北省西北部，是供奉玉皇大帝的神庙，其标准称谓应是"蔚州玉皇阁"。

1374年，明太祖朱元璋设蔚州卫。

1377年，卫指挥使将蔚州土城改建为砖城，辟东、西、南三门，

正北无门，并在城墙上建起了玉皇阁，与三门遥相对峙。玉皇阁是蔚州古城的屏障，起着瞭望敌情、防御外敌入侵的重要作用。

玉皇阁坐北朝南，总面积为20000多平方米，由前后两院组成。前院为天王殿、东西禅房和东西厢房，均为硬山布瓦顶建筑，北端的玉皇阁和东西相对的钟鼓楼二楼组成后院，钟鼓楼为重檐布瓦顶方亭。其中，天王殿和玉皇阁大殿分布在同一条中轴线上。

天王殿面宽3间，进深2间，脊檩下题"大明万历二十八年岁次庚子孟冬朔月旦元吉创立"。天王殿配有东西正禅房各3间，东西下禅房各3间。

天王殿两侧各有小式硬山布瓦顶角门一座，通过18步石砌台阶就可以直通正殿。

正殿分上中下三层阁楼，都采用了面宽3间，进深2间的建筑布局，为三重檐歇山琉璃瓦顶。

正脊为琉璃花脊，两端砌有琉璃盘龙，脊上有泥塑彩色八仙人，

边脊砌大吻跑兽，四角脊梢下装有兽头，上悬挂有铁锋，微风吹来，叮当作响，气势非凡。

玉皇阁大殿为三檐两层楼阁式，上阁楼上悬挂有"玉皇阁"横匾。在第二层楼阁的中间又向外兀突出一檐，下设有游廊一周。

宫人们顺游廊四顾，在环廊上，可以北俯壶流河逶迤如带，南眺翠屏山云雾环绕，西顾则山明水秀，东望则村落疏密，山川阡陌，尽收眼底，美不胜收。下阁楼悬挂有"靖边楼"横匾，并建有前出廊。

玉皇阁有木柱36根，通贯3层，支撑着整个楼阁。柱上部施栏额和普柏枋，普柏枋上施斗拱，上檐和腰檐斗拱宏大简单，下檐斗拱用材较小，是后世重修时更换的。整个建筑木架全部采用油饰，彩绘则采用"和玺"和"苏式"图样，显得古朴典雅。

玉皇阁大殿殿内正面塑有玉皇大帝神像，高4米左右，双眼狭长，半睁半闭，一手执天书，一手置于膝上，威严中还带有一丝倦意，仿佛是处理完三界事务后仍坚持读书、阅卷。

在玉皇大帝身后站立着两位宫女，手执宫扇，仪态万方。在玉皇大帝塑像两侧的墙壁上，绘制着大型人物壁画《封神图》、三元大帝及王母娘娘。

殿内东西两侧的墙壁上同样绘制有大型的壁画，东壁画长7.4米，高2.5米。北壁画长12.8米，高2.5米，绘有"三十六雷公"。帝王威严，雷公狰狞，侍者秀目，场面宏大，色彩艳丽，人物形象栩栩如生，是不可多得的艺术珍品。

梁上钉有长方形木匾3块，均为后世修葺过程中所置，分别为1683年康熙皇帝御赐、1764年乾隆皇帝御赐、1897年光绪皇帝御赐匾额。

阁楼前的出廊内立有8通石碑，其中有7通是重立碑，分别为1614年的万历年间所立的一通、1719年康熙年间立的一通、1780年乾隆

年间立的一通、1896年光绪年间立的一通、1897年立的两通、1898年立的两通以及1900年道光年间所立的一通重修碑记。

相传在明朝嘉靖年间秋天，外敌侵犯紫荆关，山西布政使司右参议、进士苏志皋奉命赴蔚州征催粮饷，并督促大军经蔚州飞狐峪进发涞源，以增援紫荆关。

苏志皋在蔚州的时候，忙里偷闲，趁月夜登上了玉皇阁，在环廊上环视周围群山，有如众位列仙骖鸾跨凤翱翔其间，不由得诗兴大发，做小词一阕，名曰《天仙子》，词说道：

青帝祠前赤帝祠，
步虚声里梦回时，
羽轮归去鹤书迟。
山吐月、水平堤，
冷冷玉露湿仙衣。

后来，人们将这首词镌刻于碑上，并立在正殿的前廊。石碑为青石琢成，高2米，宽1米，碑顶呈弧形，座为龟趺。碑上所刻的字体为草书，洒脱流利，雄浑苍劲，字体飘逸潇洒。

整个词碑保存得十分完整，颇具书法研究价值和古诗研究价值，是后世历代文人墨客拓摹学习的文化艺术珍品。此外，在阁楼的檐下还悬挂有"雄姿千秋""历古阅今""槛外云归""云蒸霞蔚""目穷千里"等匾额，这些匾额使得这座古老的建筑焕发青春，显得越发壮观雄伟。

在楼前月台的东南角建有钟楼，西南角建有鼓楼，均为重檐歇山布瓦顶。

玉皇阁气势雄伟，构造讲究，是将城防与道教功能合为一体的建筑。自建造之后的数百年间，历经风雨剥蚀和战乱兵灾，虽几经后世的修建和重建，但依然完整地矗立在高高的城垣之上，具有明显的明代建筑风格，表现出了古代能工巧匠的高超技艺和智慧，是研究明初建筑艺术的重要实例。

传说，一次玉帝与众神一起周游人间，当他们到蔚州时已经是子夜时分。只见这里鲜花盛开，城外绿草如茵，百姓夜不闭户，万家灯火辉煌，一派宁静祥和景象。

玉帝触景生情，伸手一指说："好美的一座小城！"

不料，一本天书从衣袖中甩出坠落人间。玉帝忙派众神寻找天书。于是，当晚城中百姓做了同一个梦，梦中一个穿蟒袍的天神四处寻书。第二天，县令就张贴告示悬赏寻书。

3天后，果然有人前来献书。县令将书放于公案上。半夜，公堂大风骤起，天书不翼而飞，只留下一纸，上写："玉帝来此一游，不慎失落天书……"后来，人们就在捡到天书的地方建造起了阁楼，取名玉皇阁。

知识点滴

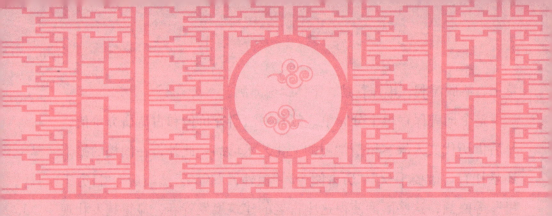

# 宫廷建造的北山玉皇阁

　　玉皇阁位于吉林省吉林市北山主峰之巅，借山势高低错落而建，是北山古寺庙群中最雄伟壮观的庙宇。

　　我国的正统建筑都讲究中轴对称，玉皇阁也不例外。玉皇阁掩映

在绿色的树丛中，是北山寺庙群中规模最宏大、气势最雄伟的一座庙宇。北山玉皇阁始建于1776年的清朝乾隆年间，由宽真大师选址建造。宽真大师曾为宫廷内的伶人，后来看破红尘，皈依佛门。

当他四处云游来到关东吉林后，钟情于北山的堪舆和山水风光，于是开始化缘募资修建玉皇阁。

仅一年多的时间，玉皇阁便全面竣工，杰阁高楼依山而建，飞檐斗拱，雕梁画栋，巍巍壮观。

据宽真的门徒仁端所记载：

仰其势则凌云也，望其气则隐露也，烟霞迷离，晶彩掩映，猗欤林哉，真宝刹也。欣羡久之，盘磴登之，见阁上赫然者玉帝也；阁之下森然者三仙也；阁之左右近附者两庑；

东西远翼者两亭也；阁之前屹然耸立者牌楼也；继则灵官殿也；异则祖师堂也。不禁喟然叹曰，宽真之志大矣哉！

玉皇阁前为10余级高耸的石阶，山门天王殿门廊两侧是两座小巧的侧门，侧门两边东为钟楼，西为鼓楼，使玉皇阁在正面形成了一庙三门、晨钟暮鼓、威楼高耸、巍峨雄浑的气势，威严肃穆。

天王殿右侧立有东方持国天王和西方广目天王，左侧则为南方增长天王和北方多闻天王。这四大天王也称护世四天王，它们各守一方，是佛教的护法神。

东方持国天王能护持国土，塑像身着白色，手持琵琶，可以用音乐让众生皈依佛教。

南方增长天王能令他人皈依增长，塑像浑身为青色，手持宝剑，用来保护佛法不受侵犯。

西方广目天王能以净眼观察世间，塑像周身为红色，手中缠绕一龙，如遇到有人不信佛教，就将他捉去，教化其皈依。

北方多闻天王拥有护持人们的财富，塑像身为绿色，右手持伞，左手持银鼠，手中的宝伞是用来降服众魔的。

寺庙内中轴线东侧为祖师殿，殿内供奉的是释迦牟尼佛、道教祖师老子和儒教圣人孔子的塑像。两侧则供奉的是各行各业的祖师，共计16人。

右侧8人为药圣李时珍、建筑祖师鲁班、烧炭祖师孙膑、制军祖师诸葛亮、外科鼻祖华佗、道教北五祖之一的吕洞宾、棉纺织业祖师黄道婆和诗圣杜甫。

左侧8人为造纸祖师蔡伦、制盐祖师沈括、命相祖师姜太公、造笔祖师蒙恬、佛教禅宗祖师达摩、造酒祖师杜康、茶圣陆羽和造墨祖师吕祖。

三教合一，诸业同堂，是玉皇阁中最大的一个特色。中轴线西侧

为老郎殿，主位供奉的是梨园祖师唐明皇李隆基，配祀财神爷赵公明和文曲星。每逢农历三月十八伶人节的时候，各个戏院都会停演，并前往老郎殿焚香顶礼进行膜拜。

祖师庙与老郎殿之间为"天下第一江山"牌坊，是清朝道光年间的大学士、将军松筠所书。匾额长为1.8米，宽为0.6米。左下落款是：松相甫相国遗迹，山下布衣张书绅昱。

朵云殿是玉皇阁中最雄伟的一座建筑，朵云殿西侧为大雄阁，阁内正中供奉释迦牟尼佛，两厢是18尊罗汉，栩栩如生，姿态各异。佛祖背后站立着的是护法菩萨韦陀。大雄阁西前侧是万绿轩，是后来在修葺玉皇阁的时候增建的，是吉林文人墨客的荟萃之地。

"万绿轩"的匾额是被称为"吉林三杰"之一的近代著名诗人和书法家成多禄所题写。成多禄还题了副楹联：

五载我重游，桑海高吟诗世界。

一层谁更上，乾坤沉醉酒春秋。

西耳房有晚清东三省的总督徐世昌所题写的行书楹：

**泰华西来云似盖，大江东去浪淘沙。**

朵云殿右侧有一棵古松，苍枝遒劲，生机盎然，格外引人注目。相传是开山祖师宽真和尚在清朝的乾隆年间亲手种植的。

沿着朵云殿与弥勒殿中间的砖铺甬道走向后院，霎时间豁然开朗，青石板铺就出一片整齐洁净的院落。

玉皇阁后门的门楣之上，是"岚云横护"4个砖烘大字。玉皇阁后有一块平地，建有两座青砖宝塔，内存开山祖师宽真和尚的灵骨，异常珍贵。

吉林市北山原名为九龙山，9座山头形成了左辅右弼之势。

清朝康熙年间，玄烨在东巡吉林之时，听说九龙山符合《易经》八卦之说，具有王都之兆，是天下少有的"藏龙卧虎"之地。

康熙听到这个奇谈之后，就非常害怕在吉林出现"草龙"争天下的局面，于是他左思右想，派吉林将军带领清兵铲掉了九龙山的9座山头，破坏了当地的帝王风水，这才放心地回到了京城。

后来，初到吉林上任的松筠将军听到这个事情之后，就感到非常惊奇，关东向来都是苦寒之地，竟然也有如此帝王之说。他回到将军署衙门之后，激情一直涌动，便奋笔泼墨挥写了"天下第一江山"匾额，并派人悬挂在了玉皇阁庙中。

知识点滴

# 玉皇山巅的通化玉皇阁

　　吉林省通化市玉皇阁位于玉皇山，玉皇山南临江流，巍峨峭拔自成奇峰。峰下浑江波荡清涟，山石倒映水中，春花秋叶，绯红点点片片，朝照红霞，暮阳如血。

　　玉皇山蓬蒿之间有数处小庙，供奉山神、土地、狐仙、老把头等，在民间向来都有"庙小神通大"之说，所以山上长年香火不断。

　　1877年，清朝光绪皇帝执掌天下政权，李宗顺和李宗和两兄弟在佟佳江江畔北岸的山巅上建庙宇一座，名为玉皇阁，山因此而被人们称为玉皇山。

　　1891年，当时的通化县县令潘德荃奉令重新修葺了玉皇阁，并新增建了关岳庙、龙王庙、老母庙，后来仅剩玉皇阁一层。

　　在玉皇阁前面，还有东西两座山门，据说，山门早年有副木雕的对联，写的是：

　　　　暮鼓晨钟警醒尘寰名利客；
　　　　讲经说法唤回苦海梦迷人。

　　山门连接马殿3间，殿内左有岳飞的白马，右有关公赤兔马，两侧皆侍立马童。

　　赤兔马本名为"赤菟"，是一匹红色的宝马，但性子像老虎一样刚烈，据说为汗血宝马。赤兔马一直是好马的代表，正所谓"人中吕布，马中赤兔"。

　　三国时期，赤兔马最早为西凉刺史董卓的坐骑，后被董卓用来收买丁原的义子吕布。吕布死后，赤兔马被曹操赏赐给关羽，一直跟随着关羽厮杀战场，关羽败走麦城被杀后赤兔马思念旧主，绝食而死。

　　人们崇祀关羽忠义的同时，还感念赤兔马的忠烈，就为赤兔马特别建造了马殿供奉香火。

　　出马殿则是一座铺满方砖铺地的庭院，院中有古柳一棵，柳下有

一泉眼，水甜而冽，冬暖夏凉，人称"神水"。

此外，在院中还有纸亭和香亭，拾级而上便是一层殿，为9间。檐牙高挑，檐头雕有香炉、马、车轮、八卦图等图案。房脊上雕制有海豹、海猫、海狮，两端房脊上还雕制有咆哮的龙头。

周围两米高的绛红色的围墙上，镶嵌着记扇形、圆形、方形和梅花形等各式各样的小窗，别致典雅。殿内祀孔子、关公、岳飞像。

孔子一生从事传道、授业、解惑，被我国尊称为"至圣先师，万世师表"。孔子的思想对后世产生了极其深远的影响，被尊称为孔圣人、至圣、至圣先师、万世师表。

关羽在战火纷飞的三国时期，始终跟随蜀汉开国皇帝刘备，忠心耿耿，才成就了蜀汉大业。关羽对国以忠、待人以义、处世以仁、作战以勇，深受人们的崇敬。

岳飞被誉为宋、辽、金、西夏时最杰出的军事统帅，同韩世忠、张俊、刘光世并称为"南宋中兴四将"。

前殿两庑6间是十方堂，东西两角建有钟楼和鼓楼，楼高约12米。出一层殿院拾阶而上便是后殿，为9间，殿内祀玉皇大帝、太上老君、轩辕黄帝像，周围墙壁上绘制有大量的壁画，绘制精美，令人惊叹。

玉皇阁修建在山巅，依山势由下而上构筑，雄伟壮观，古朴典雅，环境幽静，是吉林道教恢复宗教活动的最大道观。

每年农历四月十八是玉皇山庙会，时逢桃红柳绿春暖花开，是通化一年一度最热闹的日子，善男信女倾城而至，庙会上杂货摊床，应有尽有，展现着一派古老传统的民风民俗。

临县数百里都来赶庙会，香客数以万计，香火丰盛。如果是遇到风调雨顺的大丰收年景，那就更加热闹了，门前的对台大戏可以接连唱上3天，好不热闹。

其实，狐狸在先秦两汉时期，地位是非常尊贵的，与龙、麒麟、凤凰一起并称为"四大祥瑞"。在大量的汉代石刻和画像以及砖画中，经常出现九尾狐与白兔、蟾蜍、青鸟并列于西王母座旁的现象，用来表示祯祥。

甚至还有的人总结说狐狸具有三德：毛色柔和，符合中庸之道；身材前小后大，符合尊卑秩序；死的时候头朝自己的洞穴，是不忘根本。所以，在当时看来，狐狸是符合帝王对臣子和百姓的要求，以至于狐狸在夏至汉2000多年的时间里，生活得非常滋润。

# 观音寺

　　观世音在我国民间被称为救世菩萨、救世净圣、大悲圣者、莲花手等。观音菩萨是位大慈大悲的菩萨，能现三十三身，救十二种大难，遇难众生只要念诵其名号，菩萨就能立即听到，并前往拯救解脱众生，所以被称为"大慈大悲救苦救难观世音菩萨"，简称"大悲观音菩萨"。

　　观音菩萨以大悲救度为突出特点，民间认为是最完美的菩萨，可以与佛陀相媲美。在我国各地建有众多供奉观音菩萨的庙寺，有河北青县观音寺、福建厦门观音寺、海南三十三观音堂以及重庆南岸观音寺等。

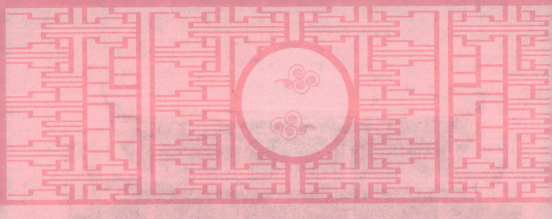

# 水上寺院的青县观音寺

　　河北青县观音寺东临大海，西临涧，南控齐鲁，北锁幽燕，地理位置非常优越，是我国历代高僧的仰慕之地，声名远扬。

　　据清朝的《青县志》记载，观音寺始建年月无从考证，在1867年

的同治年间进行过修葺。之后，许多帝王墨客到此观瞻凭吊。

观音寺在康乾盛世之时，香火异常鼎盛，同治与咸丰年间都进行过重修，之后随着清王朝的衰落，国弱民贫，观音寺也失去往日的风采，至清末民初仅剩下一些残垣断壁。

后来，佛教大师释仁宽募资，重新修建。新建的观音寺占地4000多平方米，由山门、鼓楼、天王殿、施无畏佛殿、东方三圣殿、退居寮、西方三圣殿、方丈寮、僧寮等组成。

观音寺坐北朝南，东西长50多米，南北80多米，它的正面是山门，也叫"三门"，即无相门、空门和无作门。三门的建筑风格采用了重檐歇山式，在我国古代社会中，只有帝王的宫室才可以设三门，其他官宦舍宅均不得设三门。

三门两旁是4只威武的石狮子，代表着辅正摧邪。三门中间的台阶上饰有滚龙石雕，叫作"御道"，御道上的五条龙翻云吐雾，寓意着五龙捧圣，是一般人所不能逾越的雷池，只有帝王才能踏足。

三门西边是鼓楼，东边是钟楼，晨昏时钟鼓同起同止，晓击则破长夜、警睡眠。幕击则觉昏衢、疏冥味。

三门后面的第一座大殿叫作"天王殿"，殿内供奉的是笑口常开、袒胸漏脐的弥勒菩萨。弥勒菩萨左手提布袋，右手握佛珠，慈眉善目，笑容可掬。

在弥勒菩萨的两边是一副对联：

大肚能容容天下难容之事；
慈颜便笑笑天下可笑之人。

这副对联既诙谐幽默，又富含佛教哲理，意在告诉世人要有容忍精神，要有能容天下之事的海量，不忍则生百病，生百祸。

在弥勒菩萨的背后是韦驮菩萨。韦驮是四天王所有三十二将中的为首天将。

由于夙世以童贞身，修梵行业，亲受佛嘱发宏愿，护法安僧，连天王相见还须起立，向他致敬。所以韦驮手中的武器叫作降魔宝杵，是镇压邪魔恶鬼，保护佛法道场用的武器。

天王殿后面是观音寺的主大殿，叫"施无畏佛殿"。大殿的前面有两通石碑，石碑下面的神兽叫赑屃，是龙的9子其中一个，又名霸下。形似龟，好负重，长年累月地驮载着石碑。据说触摸它能给人带来福气，只要摸一摸赑屃的头，就可以一生不发愁。

大殿东边是观音寺的记事碑，记载着观音寺的历史。西边的石碑是为津塘大慈善家立的无字丰碑。

施无畏佛殿的主大殿中供奉的是观世音菩萨，他结跏趺坐，慈祥庄严，龙女和善财童子站立两旁。

佛经记述龙女是婆竭罗龙王的小女儿，龙女自幼智慧通达，8岁时已成熟，在法华会上当众示现成佛。为辅助观音菩萨普度众生，龙女又由佛身示现为童女身，成为观世音菩萨的右近侍。

善财童子因"生时种种珍宝自然涌出",无数财宝与之俱来而得名。尽管家财万贯,但善财看破红尘,视财产如粪土,发誓修行成佛。在文殊菩萨的指点下,善财童子历访53位名师而进入佛界。

最后在普陀珞迦山拜谒观音菩萨,得到观世音的教化而示现成菩萨。为了辅助观世音普度众生,善财现童子身,成为观世音菩萨的左近侍。

主殿东边的配殿是东方三圣殿,中间供奉的是东方药师琉璃光如来,是东方净琉璃世界的教主,又称大医药师佛。因为他能使众生离苦得乐,能脱众生的病痛、苦难和灾害,所以人们都称他为"消灾延寿药师佛",也称大医药王。

当他在行菩萨道时,曾发了十二大愿,每愿都是为了满众生愿、拔众生苦、医众生病。

两边的菩萨为日光遍照菩萨和月光遍照菩萨,能够照亮世界给众生光明。他们护持在大医药师佛的左右,和大医药师佛一道救众生。

西边是西方三圣殿,供奉阿弥陀佛、观世音菩萨和大势至菩萨,他们和东方三圣殿中的三尊佛像是我国北方寺院中唯一供奉的铜制贴

金五彩佛像，尊贵异常。

此外，还有退居寮、方丈寮、僧寮、斋堂等，是僧众净修、起居、吃饭等的场所。

大雄宝殿位于施无畏佛殿之后，大雄宝殿东为伽蓝宝殿，西为方群灵护法宝殿，主体大雄宝殿分为三层，一层是地藏殿，建在水下；二层和三层分别是水上大雄宝殿和藏经阁。

名殿犀台之间由青石小桥相连，水中种植莲花，是我国北方第一座水上寺院，总面积近5000平方米，建筑面积3300平方米，十分珍贵。

相传在我国五代梁朝时，奉化地方有一位和尚，经常背着一个布袋，终日奔走，劝诫人们信奉佛教，久而久之，人们就将这个和尚称为布袋和尚。

布袋和尚一生功行都异乎常人，在临终时，他对自己的弟子说了一首偈："弥勒真弥勒，分身千百亿，时时示世人，时人自不识。"

于是，此后汉代各寺院里都以这位布袋和尚的形象为弥勒菩萨，并供奉在山门后的第一座大殿里，弥勒菩萨经常笑口常开，以欢喜相迎接来自四方的众生。

知识点滴

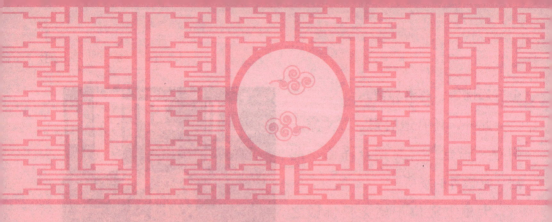

# 上万佛尊的厦门观音寺

　　福建省厦门观音寺位于仙岳山东麓，由山门、观音寺、大悲殿、万佛塔、五观堂、香积厨等组成，总建筑面积达9000平方米。

　　山门屹立在仙岳山山下，坐西朝东，是一个三间四柱式的牌楼，有琉璃瓦覆顶，中间榜书"观音寺"3个大字，色彩绚丽，气宇轩昂。

　　观音寺坐西北向东南，整座寺院布局合理，构思巧妙，正立面前为二层后为三层，中间二层左右各三层。正面三楼屋顶采用歇山式，坡分前后。两边楼屋屋顶也为歇山式，坡分左右。

一层大殿为拜亭，廊檐外凸，殿堂高大宏敞，在左右的墙壁上装饰有黄杨木雕刻成的五百罗汉，底衬草绿色的山水图案，工艺精湛，神态万千，惟妙惟肖，栩栩如生。

殿门上的隔扇、拜亭的额枋都透雕有彩绘的鸟兽花卉。拜亭上一对镂空透雕的绿岩龙柱，翻腾飞舞，形态逼真。

二层奉祀的是阿弥陀佛、观世音菩萨和大势至菩萨，这三尊佛像都坐在莲花座上，在佛教教义中，莲花象征着出淤泥而不染。阿弥陀佛居中，代表无量的光明、寿命和功德。观音菩萨陪侍在阿弥陀佛左边，代表着大慈大悲。大势至菩萨陪侍在右，代表喜舍。

观音寺的第三层为藏经阁，是收藏佛教经书的地方。大悲殿在观音寺之后，依山势构筑。大悲殿分为两层，建筑面积有700多平方米，底层为寮舍；上层为殿堂，居高临下，气势宏伟。

大悲殿为重檐歇山式，屋面浑健雄大，檐角反翘如大鹏展翅，厚重而硕健。正脊两端加饰鸱吻，鸱尾卷曲相对。殿堂为5间，中间的立柱刚健雄壮，磅礴大气，具有明显的唐代建筑风格。

殿内供奉的是观音菩萨像，像高8.8米，端坐在莲花宝座之上，面容慈祥端庄，拥有至高的法力，能够"观"到芸芸众生的诉苦之音，

解救众生于苦海之中。

万佛宝塔在观音寺右侧，坐西朝东，规模宏大，塔基占地面积可达1600多平方米，整座建筑共有13层，连同塔刹通高为78米。万佛宝塔的底层为大厅，中间供奉千手观音，木雕金妆，恬静庄严，熙怡慈悲。

千手观音全称"千手千眼观世音菩萨"，又称"千眼千臂观世音菩萨"，是佛教六大观音之一。佛教认为，众生的苦难和烦恼有多种多样，需求和愿望也不尽相同，因此，就应该有众多的无边法力和智慧去度济众生。

观世音菩萨为利益一切众生，变现出如意宝珠、葡萄手、甘露手、白佛手、杨柳枝手等千手千眼。无论众生是想渴求财富，还是想消灾免病，千手观音都能大发慈悲，解除诸般苦难，广施百般利乐。

佛教中认为，只要虔诚地信奉千手观音，就有息灾、增益、敬爱和降伏等好处。

在大厅门前还矗立着一对高约4米辉绿岩大石狮，石狮威风凛凛，英气勃勃，栩栩如生。

万佛塔的第二层和第三层为念佛堂，表面看起来是二层，实际为一层，有600多平方米。上方四周有48幅玻璃彩画，为阿弥陀佛"四十八愿力图"。左右两侧均为大阳台，四隅各建一座重檐歇山顶小殿。

四层为延寿堂，布满供奉牌位的龛橱。龛橱质地为花梨木，雕饰花纹图案，十分精细。第四层的顶为平座，四周有栏杆围绕，栏版剔地浮雕有40幅花鸟图画，铺锦列绣，生动传神。

中央建塔，为八角九层。塔身由外壁、回廊和塔心三部分组成，翘檐复宇，回廊萦绕，楼梯位于塔心室内，旋转上升。

每层的外壁有栏版，青石影雕有各种莲花图案。翘脊斗拱雕饰妙音鸟，八角九层共72尊，各持琵琶、箜篌、笛子、如意、钟、铃、引磬等乐器，以及道具、法器等，仙琚飘拂，神态各异。

妙音鸟左右吊筒，塔转角倚柱雀替，雕饰满眼，错彩镂金，绚烂耀目。

塔盖形如金钟罩，杏黄色琉璃瓦屋面，八角攒尖，造型优美。塔刹高15米，由覆钵、露盘、相轮和仰月宝珠组成。相轮13圈，为中间大两头小的橄榄形，象征"十三天"。相轮之上有月盘、日盘和宝珠，隽美别致，寓意深刻。

宝塔一共供奉佛菩萨11111尊，每层平均有佛1000余尊，以供不同信众的瞻仰和礼拜，故称"万佛宝塔"。万佛宝塔恢伟瑰丽，挺拔俊秀，屹立在

仙岳山麓，被誉为"厦门佛教第一塔"。

五观堂、香积厨在万佛宝塔的右侧。五观堂为两层，香积厨为三层，屋盖均为盝顶，隽永大气。

观音寺建筑群以红墙黄瓦为基调，富丽堂皇，巍峨壮观，成为厦门第三大佛教寺院。

观音寺常年坚持每星期六举行一次念佛法会，每月农历十九举行大悲法会，每年农历正月和六月各举办一次万佛法会。善男信女长年不断，香火异常繁盛。

知识点滴

传说古代兴林国妙庄王有3位美丽的公主。长女妙金，次女妙银，小女妙善。妙金、妙银在家中侍奉父母，只有妙善从小就虔诚地礼佛，出家当了尼姑。

妙庄王苦苦劝她回宫，但她始终不肯。一怒之下，妙庄王命人拆了庙宇，赶走了僧尼。

哪知天神怪罪下来，使妙庄王全身长了500个大脓疮，久治不愈。后来有位医生说此病必须要亲骨肉的手眼合药才能治好。于是，妙庄王求助于妙金、妙银，但两位公主拒绝了。妙善知道后，毅然献出手眼为父亲合药治病。果然，妙庄王的病很快就康复了。

这件事情感动了释迦牟尼，为了让妙善公主能时时拯救苦难众生，便赏赐给了她千手千眼。从此，妙善公主就成了众所祈求的千手千眼观世音菩萨。

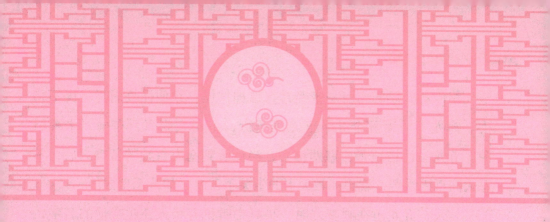

# 规模大的三十三观音堂

三十三观音堂位于海南三亚的南山，南山因形似巨鳌，故古时被称为"鳌山"，山高500多米，山上终年祥云缭绕，气象万千，历来被视为吉祥福泽之地。

相传古时候的南海一带经常有瘟神作怪，致使怪疫虐行，民不聊生。海龙王的第五个儿子五龙王圣衍，主司人间兴云布雨，水聚财源。五龙王性格纯善，慈悲佛心，当他看到南海百姓的苦难之后，不忍人间百姓受苦，就想拯救天下的生灵于苦海，却苦无良方。

一天，五龙王在睡梦之时，冥冥中听见有个人在呼唤他的名字，五龙王慢慢睁开眼睛，一看，是一位慈眉善目的中年白衣女子在他面前端庄而立。

五龙王道："敢问贵人是何方神圣，怎么来我龙宫？"

女子说："我乃西天观自在菩萨，慈航大士是也。"

五龙王大惊，赶紧施礼道："哦，原来是观音菩萨到此，敢问让小神有何差使。"

观音菩萨回答说："南海一带瘟神作怪，疫疾虐行，民不聊生，你可有何良方？"

五龙王皱着眉头说："小神法力有限，只管兴云布雨，水聚财源。像这救世间疾苦，普度众生的大愿行，还需观音菩萨前往。"

于是，观音菩萨乘着龙王驾临到南山，开示佛法，拯救苍生。人们为了感谢观音菩萨，就在南山建造了一座观音堂，称为"三十三观音堂"。

院内主要供奉的有观世音菩萨33尊应化法身群像、观世音菩萨三灾八难浮雕全图、观世音菩萨十二大愿转经柱、人间第一财神龙五爷、天下第一聚宝盆、南海第一祈福龙门等。

三十三观音堂仿盛唐佛寺建筑风格，红柱青砖，雄浑雅朴，柔和精美，一派宽宏庄严的气象。寺庙周围，林木阴翳，花草繁茂，野鸟竹风，海浪低吟，幽静如斯，有飘然出尘之感。

三大士殿殿中供奉的是大慈大悲观音菩萨、大智大慧文殊菩萨和大愿大行普贤菩萨。菩萨脚下一张约40平方米的巨大纯铜供台上，摆放着信众供养的数千盏莲花灯。

灯是佛门十大供养之一，《佛经》说道：

一灯能破千年暗，一智能灭万年愚。

这千盏智慧明灯闪耀，汇聚成一片灯海，映照着慈悲庄严的菩萨

法像，让人恍如置身佛国圣地。

正殿具有浓烈的唐朝建筑风格，金碧辉煌却无奢华之气，流光溢彩自有清净之心。殿内主要展示的是《观世音菩萨普门品》中所记载的三十三观音应化法身群像。

观音菩萨33尊应化法身，代表着人世间众多不同心愿。现三十三观音堂中，33尊观音应化法身群像凌立于50米长的流动彩色水系之上，姿态各异，栩栩如生，严慈祥和，活神活现，如菩萨真身现世。

殿内的主观音为"乘龙观音"，高4.3米，其余32尊观音塑像，每尊都高2.3米。群像均采用大漆材料和贴金彩鎏工艺，是四海之内规模最大、工艺最精湛的室内观音群像。

这33尊观音神态各异，有的安详庄重，有的含蓄沉静，有的沉思凝想，有的和蔼可亲，有的威武刚健，有的笑容可掬。

有保佑求子得子的送子观音，有金榜题名的持经观音，有从官顺利的德王观音，有身健无病的施药观音，有婚姻美满的鱼篮观音，有时时如意的六时观音，有吉祥平安的乘龙观音，等等，个个生动活泼，极富生活情趣。

除了33尊观音法相，在开阔的大殿内，还有《法苑珠林》中记载的观世音菩萨"三灾八难"全铜巨幅浮雕。

《大佛顶首楞严经》中记载的观世音菩萨誓发十二大宏愿的"十二大愿转经柱"，柱上篆刻有出自《大般若经》中的精华《般若波罗蜜多心经》共12篇，无不形神兼备、巧夺天工，将千年观音文化展现得淋漓透彻，是我国传统文化瑰宝中不可或缺的部分。

龙五爷财神殿是海南最大的财神殿，也是南山上唯一的财神文化道场。

据民间传说，观世音菩萨十二大宏愿中，第二愿便是"常居南海愿"。南海龙王的第五子圣衍闻知之后，主动叩请护送菩萨前往南海弘法利生，并发慈愿为观世音菩萨永远镇守南海，护佑九州风调雨顺，百姓富足康宁。

圣衍的慈愿善行感动了佛祖，被封为"天下第一财神"，令其掌管人间的财富分配，统筹天下财源流通。

龙五爷财神殿由三大部分组成，一是招财大殿；二是地宫财库；三是五爷万佛阁。

招财大殿内有8根财柱，开示众人树立正确的财富观。这八大财智法门包括：第一正见，布施求财；第二正念，如法求财；第三正德，修善求财；第四正业，求财以道；第五正诚，信义积财；第六正定，摄心守财；第七正慧，用财有度；第八正悟，功德法财。

尤其值得一提的是，地宫财库里的镇殿之宝，是重达数吨的"天下第一大龙砚"。

龙砚上盘桓着的56条飞龙，寓意56个民族，砚面上刻有我国的版图、万里长城以及凤凰、乌龟等我国古代的瑞兽，精美壮观，让人叹为观止，为普天下所罕见。

马头观音殿内供奉的是马头观音，是六观音之一，是畜牲道的护法明王，也是古代驿马和各种交通工具的本尊神。马头观音通体赤红，三面八臂，三目圆睁，獠牙外露，呈狮子无畏相，震慑一切阻碍众生出行的魔障。

马头观音手持佛珠示意亲近一切诸佛，手持斧钺示意免去一切恶咒邪法，手持法轮示意祛除众生出入烦恼，手持莲花示意成就种种功德，手持金刚杵示意降伏一切魑魅鬼神，手持宝瓶示意甘露洒福众

生，双手马头示意护佑众生出入平安。

祈福龙门是南海一带最早的祈愿方式，龙门上面有12个洞口，分别写着人生中12种不同的美好心愿，如求财顺利、美满姻缘、福寿满堂、功德圆满等。信众可以迎请开光龙币投入龙门上面的洞口，若投中代表此心愿将会实现。

三十三观音堂是一座展示观音文化、龙五爷财神文化和民俗文化为一体的佛教文化场所，是我国佛教文化中的重要组成部分。

相传，太仓民间流行一种怪疾，无医可治，人们苦不堪言。观音菩萨听说后，化身成一位癞头和尚前去送药治病。

刚开始百姓们都不相信，后来一位奄奄一息的老婆婆喝了癞头和尚用赤桎柳煮的药汤之后，怪病奇迹般的好了。

老婆婆奔走相告，渐渐人们的怪疾都痊愈了，正当人们要感谢癞头和尚之时，观世音菩萨显现真身，驾云而去。

人们为感谢菩萨恩德，便塑了一尊手持赤桎柳的观音宝像供奉起来，称为延命观音，保佑人们百毒不侵，益寿延年。

知识点滴

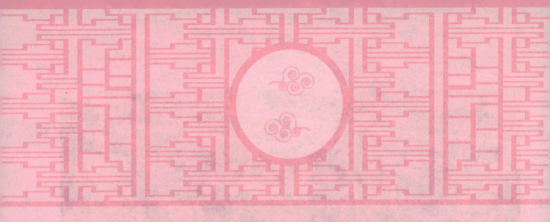

# 香火不绝的南岸观音寺

　　南岸观音寺位于重庆市南岸区，坐东向西，背依南山，是一个融宗教文化艺术、宗教活动为一体的院落，寺庙始建于清朝道光年间，又在玉溪河畔玉溪桥边，所以也被称作玉溪桥观音寺。

　　南岸观音寺占地1700多平方米，建筑面积近6000平方米，全部采

用的是钢筋混凝土结构。主建筑高30米，红墙黄瓦，飞檐翘角，雄伟壮观，有11座殿堂。一层为弥勒殿、七佛殿和财神殿。弥勒殿即为山门殿，居中供奉的是泥塑穿金的弥勒佛，佛像高约3米，非常自在地坐在莲台上，彩绘背光。

在笑口常开的弥勒佛像两边，供奉的是泥塑穿花金的四大天王，他们手持兵器，脚踩小鬼。

山门内左右两侧供奉泥塑彩绘的哼哈二将，这两位大将俨然两个大力士。他们上身裸露，手持金刚杵，目眦尽裂，怒视着人间，神态非常威严，似乎想要将一切恶势力都给镇压住。

七佛殿供奉有泥塑穿金七佛，脚踏莲座，彩绘背光。七佛殿南面供奉泥塑穿金的眼光菩萨，手持法眼。北面供奉泥塑穿金药王菩萨。西北面供奉泥塑穿金的文武两财神。

在一层和二层之间的夹层中设有地藏殿、阿弥陀佛殿和玉观音殿。地藏殿内供奉的是地藏菩萨、东岳大帝、南岳大帝、十殿阎王及诸多小鬼，整个地藏点透露出一种庄严而神圣的气息。

地藏王菩萨右手九环锡杖可以震开地狱之门，左手明珠能够照亮地狱的黑暗。能够放大光明，让受苦的众生离苦得乐，他的坐骑名叫善听。

地藏殿北面为阿弥陀佛殿，供奉石刻穿金的阿弥陀佛。佛像高1米。阿弥陀佛殿的西北面为玉观音殿，供奉着琉金彩妆的玉石观音，佛像高1.8米，他脚踏莲座，神情庄严肃穆。相传这座玉石观音像是由常敏法师从缅甸请回的，非常珍贵。

第二层为大雄宝殿，建筑面积约有200平方米。释迦牟尼佛居中面北，结跏趺坐，泥塑穿金，佛像高3米，彩绘背光。左右陪侍为阿南迦叶两位尊者，泥塑穿金，佛像高1.8米。

释迦牟尼佛的背后供奉的是西方三圣，佛像高5米。南面供奉文殊菩萨，北面供奉普贤菩萨，均为泥塑穿金，佛像高3米。

大雄宝殿西面为韦驮殿，居中面东供奉的是泥塑穿金的韦陀菩萨，韦陀手持降魔杵。左右两边供奉泥塑穿金八大金刚，均高1.8米，手中持有各自兵器，彩绘祥云背光。殿内北面为修庙功德墙，功德墙由31块汉百玉组成，青石底座，浮雕龙珠图饰，青石墙顶，人字斜水，椽瓦造型。

第三层为10面千手观音殿，居中供奉的是木刻穿金四面千手观音，佛像高4.7米。莲花须弥座，座高一米，观音手持各种法器，每个掌心中有一只眼，千手的排列犹如孔雀开屏似的排在观音身后。千手观音殿的西北和西南分设有钟楼和鼓楼。

第四层为藏经阁，珍藏着佛教的各类经书。南岸观音寺的这种殿

堂建筑结构在我国的寺庙建筑中是非常少见的。

观音殿居中面北供奉有石刻的穿金观音菩萨、铜铸穿金观音菩萨、铜铸穿金药观音菩萨、琉金玉石卧佛和铜铸穿金弥勒佛，都是非常珍贵的菩萨雕塑。

每年的农历三月初二，南岸观音寺都要举行一次拜梁皇宝的忏法会。农历二月十九、六月十九、九月十九为观音的诞辰法会。此外，还有春节烧子时香的活动、门口土地财神、每月农历初一和十五的传统庙会等。

寺庙保存有木刻四面千手观音一尊、玉石观音一尊、玉石卧佛一尊、木刻药师佛一尊、石刻财神一尊、丝绣金刚一对，其余佛像均为泥塑生漆脱胎穿金，共有300余循，还有木刻匾额7块、对联17对，做工非常精细。

南岸观音寺形成了集宗教文化艺术、正常宗教活动于一体，功能齐全、设施完备的佛教场所。

知识点滴

土地公是商人崇拜的财神，在农历每个月的初二、十六都要祭拜土地公，称为"做迓"。土地公都是慈眉善目，白须白发的老人，有时会有土地婆陪伴，有时则只有土地公而已。

相传玉皇大帝委派土地公下凡的时候，问他有什么抱负，土地公说：希望世上的人个个都变得有钱，人人过得快乐。

土地婆听了却极力反对，她认为世间的人应该有富有贫，才能分工合作。

两人争执了好长时间都没有达成统一，于是，土地打消这个原可"皆大欢喜"的念头，造成了世间贫富悬殊的差别。人们觉得土地婆自私自利，是一个"恶婆"，所以不肯供奉她，而对土地公却是推崇备至。

# 娘娘庙

　　娘娘庙是我国民间香火最旺盛的庙宇，里面供奉的主神，各庙有所不同，一般是碧霞元君。在我国北方地区，人们对碧霞元君的信仰极盛，信徒将她奉为神，祷之即应。

　　碧霞元君神通广大，不仅能保佑农耕、经商、旅行、婚姻，还能疗病救人，尤其是能使妇女生子、保儿童平安健康等。

　　在我国各地建有许多娘娘庙，这种信仰自古以来都非常兴旺，人们常常不辞劳苦地许愿还愿，向其祈祷香火久盛不衰。

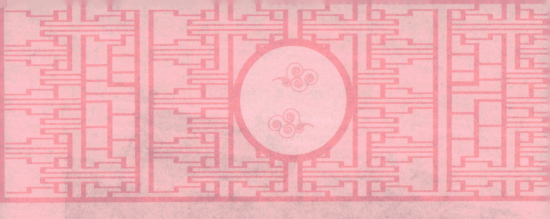

# 最早最大的西王母祖庙

　　泾川王母娘娘庙位于甘肃省境内的回山之上，是王母娘娘的供奉之所，传说中的王母娘娘居住在昆仑仙岛，是玉皇大帝的妻子，掌管

天下的灾疫和刑罚，拥有瑶池蟠桃园，园内是长生不老的蟠桃。

王母娘娘是一位慈祥善良的女神。五帝时，王母娘娘曾派遣使者帮助黄帝战胜蚩尤部落，统一黄河，在百姓心中拥有很高的地位。

王母娘娘庙石窟位于回山前的回屋旁，该庙是在北魏年间开凿修建的。

石窟为方形中心柱窟，高12米，深11米。中心柱的四周和壁面上刻有大量的石像和装饰物，有驮宝塔的白象，也有形态各异的众位菩萨。

石窟的正面是一座高约4米的巨大坐佛，窟内壁有三层造像，共有约200尊佛像。

第一层造像是释迦牟尼像、药师三尊变像、释迦多宝并坐说法像

和一佛二菩萨像。

第二层造像主要是多姿多样的菩萨塑像，以及北魏时期的精刻浮雕。

第三层的建筑北魏风格十分明显，尤其是面南的一尊佛像，形态优美，景致大方，是风化最为严重的一层。

回屋是呈"回"字结构的仿古建筑，位于回山之下，是传说中西王母与东王公相会的地方，也是举办蟠桃会的地方。

回屋内有《回中降西王母处》大型石崖壁画，壁画前刻有王母娘娘的巨型塑像。每年农历三月二十，是王母娘娘举行盛会的时候，前来拜谒的人群接踵比肩，香雾缭绕。

王母娘娘庙大殿是我国最早、最大的西王母祖庙，始建于汉武帝元封年间。王母宫大殿面东朝西，建筑面积达360平方米，殿内藻井、梁枋、天花等采用金龙和玺彩绘，古色古香，韵味十足。前后四门上分别绘制有春夏秋冬四季图，中门上方为一元化二气图。

王母娘娘的主神塑像高4.6米，慈眉善目，威仪四方，刀法自然朴实流畅，武像白虎使者和文像青鸟使者陪祭左右两边，神龛后背图案为西华天池，巨大的"无极"二字彰显出道家的真旨。

殿内两侧墙体上保留有工笔重彩绘制的两幅画，表述和王母娘娘相关的6个故事，分别为射日奔月、降临汉宫、瑶池宴会、送疆域图、蚩尤之战和派使献玉图。

三皇殿内供奉着传说中最早的三位远古帝王，分别是天皇伏羲、帝皇神农和人皇轩辕。

伏羲手持阴阳太极图，可以仰观天，俯察地，通阴阳八卦之术，被人们尊称为天皇。

神农手捻稻菽，传说中神农氏的肚子是水晶透明的，为了人类能够有足够的食物，他尝了百草，被尊为地皇。

手握护板的就是轩辕氏，因为他统一黄河各部，建立了中华民族，开始对人类进行了管理，被后人尊为人皇。

供奉"三皇"体现了道家所弘扬的忠国尊师的教义，是道教尊重人类社会发展的具体体现。两侧分立有扁鹊、张仲景、华佗等10位名医彩塑。

东王公大殿主祭玉皇大帝，道家教义认为，东王公是东华至真至

气所化生、主阳、主父；西王母是西华至妙至气所化生，主阴、主母，世间的万物都是他们所生养育化的。

唐宋以后，人们逐渐将天帝称为玉帝、玉皇，统管三界四生，上掌三十六天，下握七十二地，为众神之皇。在东王公身旁有两位侍者，为金童玉女。相传东王公最喜欢的食物就是大红枣，所以在金童的手中，捧着一盘鲜脆的大枣。

东王公大殿的两侧是四大天王彩塑，分别为职风的增天天王，职调的广目天王、职雨的多闻天王和职顺的持国天王，帮助东王管理宇宙万物的风调雨顺，是百姓心中所祈求的最高幸福。

东王公内墙上绘有6幅壁画，南墙为木公初形图、石室相公图和金母诞生图。北墙为金童传书图、东王公演变成道教神灵图和玉女抱壶图。它们形象生动地向我们展示了东王公的相关故事。

五帝庙中从南向北依次供奉的是传说中的上古帝王黄帝、颛顼、帝喾、唐尧和虞舜。他们端坐在木制机台上，正襟危坐，睥睨着天下的众生。

在王母娘娘庙的山顶，有一个四角的钟亭，是回山佛寺的遗物。在钟亭内有一个高约2米，下口直径约为1.5米的金代大安铁钟，有近5吨重。

钟身分为五层，铸饰铭文和图案。从上往下，第一层和第五层都是雕绘的莲花图饰，第二层铸有"皇帝万岁、臣佐千秋、国泰民安、法轮常转"16个楷书大字。

第三层和第四层密密麻麻记载着32方铭文，从中可以清楚地看到所供奉菩萨的法号，还有一方女真文字的铭文，是女真完颜后裔在泾川的见证。

宫山晓钟，已经成为了王母娘娘庙的一大象征，也是古泾川八景之一。

知识点滴

泾川娘娘庙庙会一直都是当地最为隆重的一种节日，是人们最为重视的一个节日。

在人们心目中，泾川王母娘娘不但有降雨、除灾、赐儿女、联婚姻、治病、保佑上学、发财、升职、找回丢失的人物等种种功能，而且非常灵验。

当看到王母娘娘的牌位，似乎看到了他们自己的精神家园，遇到事情的时候去求一求，就能让自己的心踏实很多，人们在感叹天下风云变幻的同时，王母娘娘庙就成了他们寻求精神寄托的最好地方。

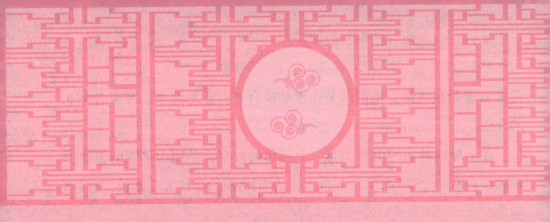

# 三教合一的妙峰山娘娘庙

  妙峰山娘娘庙位于北京门头沟区妙峰山的台地上，依山体而建，偏东南面对北京城，是京西著名的三教合一的民间神庙。

  庙宇建筑在巍峨的妙峰山莲花金顶之上，海拔近千米，四周环绕

着奇林怪石，始建于辽代，在康熙帝时，册封为金顶妙峰山娘娘庙，地位高于五顶娘娘庙。

山门殿俗称庙门，共3间，正中间的一间采用了圆拱形的门洞，两侧洞门上镌刻有清嘉庆皇帝亲笔题写的"敕建惠济祠"。

惠济祠是娘娘庙的庙名，也是娘娘庙最高等级的尊称。殿内的东西分别是青龙、白虎神像，披甲持械，是娘娘庙最忠实的护卫神将。

惠济祠是灵感宫娘娘庙正殿，是妙峰山娘娘即"天仙圣母碧霞元君"的供奉大殿。采用硬山式五顶，青砖灰瓦，绿色的琉璃瓦包围着屋顶周边，殿门上为正搭斜交花棱窗，门檐悬挂有3个匾额，是慈禧太后特赐的，分别为"慈光普照""功侔富媪""泰云垂荫"。

殿内除了正襟危坐的碧霞元君娘娘之外，两侧还陪祭供奉着眼光、子孙、斑疹、送生4位娘娘，并且，还有大量的女官、卫士从旁护卫。

地藏殿位于正殿东侧，供奉着地藏王菩萨像。地藏菩萨位列佛教四大菩萨之一。据佛经说，地藏早年在释迦的嘱托下，承担起了教化众生的重任，掌管阴间的大小事务，担任了幽冥教主。

每逢农历七月十五和七月三十地藏菩萨生辰和成道日，信众都要前来拜祭上供。

正殿西侧是供奉扁鹊的药王殿和观音殿。观音殿的原址在正殿的北侧，在修复的过程中，迁到了此处，殿内供奉的塑像也从送子观音改成了渡海观音。

在灵感宫东殿，是供奉赵公明的财神殿。赵公明被信众称为赵公元帅，是道教中所崇奉的财神爷，在民间传说中赵公明没有眼睛，所以待人公正，被尊称为正财神。

在财神殿北是王三奶奶殿，相传，王三奶奶是清朝嘉庆年间的人，祖籍京东香河县，她经常在北京、天津一带为人们针灸治病，医术非常高明。

传说王三奶奶最后就是在妙峰山坐化成仙的。在很长的一段时间内香火都非常旺盛，尤其是天津一带，将王三奶奶侍奉为菩萨神明。

庙内的王三奶奶塑像俨然就是一位北方农村老妪的样子，她手持

烟袋，尖足，面目慈祥可亲，值得一提的是，在王三奶奶的旁边还有一位侍女，手中牵着一头憨态可掬的黑色小毛驴。

在灵感宫以北约100米处是回香阁，殿院飞檐脊兽，黄色的琉璃瓦满满地覆盖着屋顶，阳光下熠熠生辉。据记载，这里原先是齐天庙，建有回香亭。

香客在娘娘庙进香之后，必须回到回香阁再烧一次香，这次进香活动才算是功德圆满。回香亭在修葺的时候和天齐庙并为一庙，改为回香阁，供奉着"东岳天齐仁圣大帝"和岳飞。

以往人们上妙峰山进香拜祭时，必须攀越一条崎岖绵延的山路，近20千米，后来，山民将小道拓宽砌石，开辟成一条可以供骑行、抬轿畅通的香道。

在惠济祠内还有三教堂，专门供奉老子、释迦牟尼和孔子。旁边是供奉着金霄、银霄、碧霄三位娘娘的三霄殿。

据说，在很早很早以前，妙峰山娘娘庙还曾经供奉过治理阴间的七十二司。就这样，金顶妙峰山将佛、道、儒及民间神的信仰融合在一起，成为多教合一的综合型庙宇，为不同信仰的香客提供了朝拜的场所，这是妙峰山娘娘庙所特有的，也是妙峰山娘娘庙能够兴旺数百年的一个重要原因。

一般来说，去往妙峰山进香的大多是个人独行、一家一户或者朋友结伴而行，但是其中也有一些结伴前来的香会组织。每到庙会开始前，活跃在北京的各个香会就已经开始行动了。

自清初开始，妙峰山娘娘庙的主体就成了普天下的香客，按大类区分有文会、武会之别。

文会又称善会，主要负责庙会当中的服务性工作，包括饮、食、住、行等方面的服务，以及为香会提供足够的必要物资。这些文会以"行善"为宗旨，为娘娘庙庙会的顺利举行提供后勤保障。

武会又称花会，以表演技艺"酬神"为宗旨。源自古代的"社火"，是民间技艺的一种表演形式，可以分为"井字里"和"井字外"两种。

井字里武会走会的先后顺序是：开路、五虎棍、秧歌、中幡、太狮、双石头、石锁、杠子、花坛、吵子、杠箱、天平、太平；井字外的会档种类更多，如太平鼓、龙灯、旱船、跑驴、霸王鞭、流星、假人摔跤、飞刀、舞索、竹马、猪八戒背媳妇等，为妙峰山娘娘庙的庙会注入了很多新奇的元素。

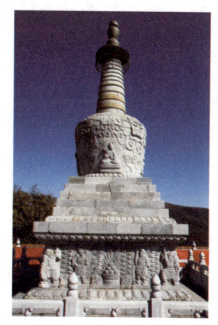

慈禧太后可以说是妙峰山娘娘庙的拥护者。说在清同治十二年，同治皇帝出疹子，慈禧太后为了祈福，就徒步登山拜祭娘娘。

慈禧进香之后不久，同治皇帝的疹子就完全好了，为了感谢娘娘显灵，慈禧亲自书写了3块匾额，派人送到妙峰山，挂在娘娘殿前，此后经常前去拜祭。

但是，自从慈禧进香之后，这头一炷香就算归了老佛爷，即便是慈禧没有到，各位嫔妃们也会争相前来，百姓更是无缘染指了。

除了上香，慈禧太后还爱看娘娘庙香会的表演。但是庙会只有几天，于是慈禧老佛爷就将这些表演团体请进皇宫为她表演，由此可见，慈禧真是喜欢这种香会。

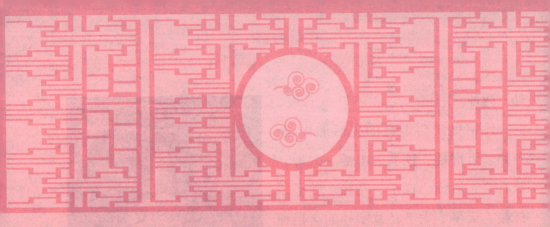

# 王母托梦重建的西王母庙

西王母庙也叫王母娘娘庙，位于美丽的天山天池东岸的博格达峰上，海拔在2000米以上，是新疆最古老的一座道观，也是海拔最高的

一座王母庙。

　　相传，王母娘娘就是在这个地方修炼，最终羽化升天成仙的，所以被称为西王母祖庙。

　　天池四季景色各具特色，是自古以来文人墨客吟诗赋文最多的地方之一，深受人们的赞誉。传说在3000多年前，周穆王姬满就曾经和王母在天池湖畔把酒言欢，留下了一段千古流传的佳话，使得天池赢得了"瑶池"的美称。

　　西王母祖庙始建于元朝初期，在1221年初步建成。1218年，一代天骄成吉思汗举兵西征，邀请全真七子之一的长春子丘处机去往天池宣讲教义，当时，丘处机已经年近七旬，他亲率18名弟子从山东西霞出发，不辞辛苦来到天池和成吉思汗会面。

　　这就是众所周知的"天池论道"。丘处机为了纪念这次论道，就在此修建了西王母祖庙，在西部开始传播教义，称为西部道教文化的

传播中心。

　　自西王母祖庙建成之后，距今已经有近800年的历史了，期间不免风吹日晒，几经战乱，但是随着人们对文物保护意识的提高和信众的多次修葺，西王母庙还是被比较完整地保护下来了。

　　有一年，致力在我国台湾地区传播道教的道长，千里迢迢来到新疆天山天池，说在台湾的时候，一天夜里梦见了王母娘娘，王母娘娘叮咛自己一定要重新修建她已经被损多年的居所，这位道长遵照王母娘娘的指示，费尽周折四处寻访，终于找到了天山天池。

　　第一次面对天池，道长就有一股似曾相识的感觉，原来，这里的一切和王母娘娘梦中告诉他的完全一致！从此，道长携众人多次来到天下脚下，对王母娘娘进行膜拜，还出资重新修葺了西王母娘娘祖庙。

　　经过修葺和重建后的西王母祖庙，不仅面积比原先扩大了好多，而且还在娘娘庙主殿的东西两侧各加了一个配殿。后来，又重新修建了钟楼和鼓楼，总体面积达到了2000多平方米。

从天池北岸开始，沿着大天池的东岸徒步而行，一路都是翁郁的大树，中间有一条非常危险的小道，叫作"达摩险径"，这条通道很少有人涉足，据说是达摩祖师开辟的。

西王母娘娘庙主祀西王母，在道教中，王母娘娘是玉皇大帝的妻子，所以也被叫作王母娘娘。据史料记载，娘娘庙自建庙以来，一直都有数量庞大的信众，香火非常旺盛。

西王母娘娘庙庙内共设有3个大殿，正殿中间供奉的是两尊西王母神像，一尊是由汉白玉精雕细刻而成的，重6吨左右，另一尊是用名贵的千年紫檀木雕刻的，并且浑身还镶嵌有一层薄薄的金箔，是从台湾运送过来的。东配殿是观音菩萨的供奉之所，西配殿供奉的是医药神吕洞宾。整体来看，庙宇建筑错落有致，庄严肃穆，让人心生崇拜。

　　在西王母庙右上方50米的地方，就是传说中群仙居住的仙居故洞，洞内壁画隐隐残存，模糊可辨。达摩禅洞紧邻仙居故洞，是达摩老祖面壁悟道的地方。

　　老子故洞里绘有大量图画，向世人述说着和老子相关的一些故事。据传说，老子来到了西王母山，并且和仙女、西王母等人在天池里面进行畅游，没想到，老子差一点儿就犯了戒念，发现自己的道行还不深，于是，就在附近的洞内面壁思过，进行修炼。

　　娘娘庙的地理位置非常玄妙，它坐北朝南，三面是翁郁的山林，一面是天池之水，地处半山腰，几乎占尽了天山天池山水灵气最浓厚的地方，每天汲取日月精华。

　　西王母娘娘庙左边是常年白雪皑皑的道教神山博格达峰，被称为左青龙。右边是小天池，被称为右白虎，下方是神秘的天山瑶池。综合形成了道家风水中非常推崇的左青龙右白虎，前朱雀后玄武，是一块天然的藏风聚气之所，难得的风水宝地。

也许是上天为西王母娘娘专门留存的一块宝地，让缔造者在千山万水中寻求到了这么一块天人合一、自然幽静的建刹宝地，赢得了最佳的天时、地利、人和。

西王母娘娘庙重修之后，促使天山天池道教文化得以继续延续。后来，在王母娘娘庙中有常住道教人员，常年有来自普天下的信众前来寻根拜祖，烟雾缭绕，香火兴盛。

在西部各个民族人们的心目中，博格达是最富有神性的山峰，一直被人们视为神灵居住的地方，一直以紫气之源而进行膜拜。博格达一词就是出自蒙语，也就是"神灵"的意思。

在很早的时候，古西域的一些游牧民族就有崇拜山名的习俗，由于博格达山高大险峻，被这些民族称为"神山""祖峰"，但凡是骑马的人，见了这座山峰都必须下马，行走的人都必须叩头，甚至是路过此地的官员也要停下来拜一拜。

在当地牧民心中，博格达山是"圣人"，而山上的石头都是圣人使用过的，用这些石头当武器去攻打敌人，无往而不胜。由此可见，在古西域民族心中博格山的地位之高。西王母庙建在博格达峰上，体现了人们对王母娘娘的尊崇。

知识点滴

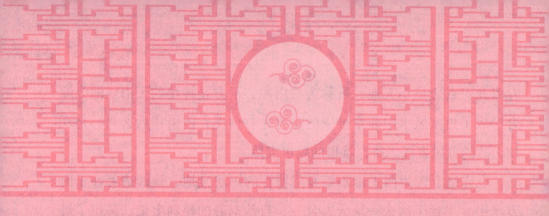

# 北京城的五顶泰山神庙

北京五座娘娘庙是北京著名的泰山神庙。据史书上记载，明清时期的皇帝大都信奉佛教，所以北京界内的寺庙非常多，可以说是"十

步一寺，五步一庙"。

这些庙宇可以分成两类，另一类是城内的庙宇，用来祭祀先祖、供奉佛身，一类是城外的庙宇，是人们游春、逛庙市的地方。

在北京城郊一共有五座娘娘庙，称作"五顶"娘娘庙，分别用东西南北中5个方位来命名，供奉着碧霞元君。《北平郊区的满族》一书中曾经说过：

在营房人的心目中，娘娘具有非比寻常的地位，仅在关老爷之下。

传说周文王时期，曾经任命姜子牙为灌坛令。有一年，天气闷热，就连能够吹动旗的风都没有刮过，周文王非常郁闷。

一天晚上，周文王在睡梦中看见一个容貌艳丽的女子在路边哭泣，周文王很好奇，就问她为什么哭，女子说："我原本是东海边的泰山神女，被封为碧霞元君，是西海龙王的妻子。现在我想回到东海，灌坛令姜子牙挡了我的道。我本想挟暴风骤雨过去，但是考虑到姜子牙功德高尚，我就不忍心啊！"

周文王醒来立即召见了姜子牙，果然，一阵狂风暴雨从西向东而去。

不明所以的百姓纷纷认为是泰山神女将他们从水火之中救了出来，认为她能够庇佑众生，灵应九州，就广修庙宇进行拜祭。

到了明朝，这种风气盛行一时，在京城可以随处看见香火缭绕的碧霞元君庙，五顶娘娘庙就是其中的杰出代表。

中顶娘娘庙位于右安门外草桥，坐落在唐万福寺的旧址上，在清乾隆年间和20世纪初进行过两次修葺，中顶庙存留下了山门、大殿、石狮以及一些书篆和石碑。

东顶娘娘庙位于东直门外，始建于明朝，由于庙门口长有一棵数百年的老榆树，所以人们都把行宫庙叫作孤榆树庙。

南顶娘娘庙位于丰台区，奉敕于1713年和1763年进行重建，供奉

着碧霞元君、东岳大帝和斗姆娘娘，悬挂有乾隆御题的"神烛碧虚"和"神功出震"两块匾额。

西顶娘娘庙位于海淀区，相传西顶娘娘庙初为土地庙，后因明世宗的母亲许愿灵验，是由明神宗的生母孝定皇后和明神宗捐钱修建的，故被称为护国洪慈宫。

娘娘庙建成之后，康熙曾赐匾"金阙宣慈"、珠冠和并袍幡等物，并于1712年改名为广仁宫碧霞元君庙。西顶娘娘庙北邻颐和园，东临昆玉河，西面是巍峨的西山群峰，地理位置非常好，传说是慈禧太后从万寿寺乘船去颐和园消暑的必经之地。

在这五座娘娘庙中，只有北顶娘娘庙保存完整，重新修复后的北顶娘娘庙位于北京中轴线北延长线的北端，是北京北端的一个标志性建筑。

北顶娘娘庙始建于明宣德年间，庙内供奉有玉皇大帝、东岳大帝、碧霞元君、子孙娘娘、眼光娘娘、关帝、药王等神像。

沿中轴线依次建有山门殿、天王殿、娘娘殿、东岳殿和玉皇殿。北顶娘娘庙占地近10000平方米，是明清时北京碧霞元君祭祀的中心。

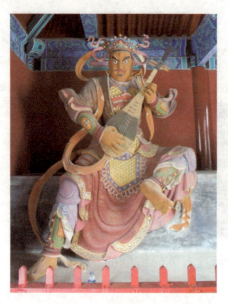

清乾隆年间曾修缮北顶娘娘庙，原有四进五层殿，庙前有大戏台，早年每逢庙会必唱几日大戏。"每岁四月有庙市，市皆日用农具，游者多乡人。"是昌平、沙河一带农民的商品交易所。

北顶娘娘庙内，古树参天，有500年的古桧柏和300年的古槐向世人述说着娘娘庙的坎坷历史。大门上的"敕建北顶娘娘庙"牌匾，更显示出了它与皇家密不可分的关系。

知识点滴

据说供奉在南顶、北顶和西顶娘娘庙中的娘娘都是肉胎，而且还是一母同胞的亲姐妹。

有一天，母亲带着自己的3个女儿去游玩，她们先来到了左安门外的南顶，大女儿吵闹着非要到大殿香案上面去坐坐不可，庙里的一个道士也说："她要上去，一定是有缘，就让她去坐坐吧。"

结果大女儿一坐到香案上面，就立刻坐化了，成了肉身的娘娘。

母亲悲痛之下带着另外两个女儿逛，这次，她们来到了安定门外的北顶，结果二女儿也坐上香案化成了北顶娘娘。

母亲害怕了，赶紧带着小女儿回家，途中，小女儿闹着要去西顶庙玩，母亲心一软，就又答应了，结果小女儿在西顶庙也坐化了，成为肉身的西顶娘娘。

# 盛名远扬的元武屯娘娘庙

北京市房山区元武屯村，地处平原，十字主街，交通非常便利。根据史书的记载得知，明朝初期曾在这里驻扎了军队，开垦了军田，所以叫作元武屯，后来随着军队的撤离，元武屯逐渐发展成村落。

在这个村内有一座占地大约有200平方米的庙宇，一直有善男信女对其祭拜，香火不断。这个庙宇分为前后两殿，前殿称为元武屯三圣庵，后殿被叫作元武屯娘娘庙。

元武屯娘娘庙无论是从它的建筑规模，还是年代的久远，都足以让人们津津乐道上好几天，在房山家喻户晓，享有盛名。

元武屯娘娘庙正殿建筑不仅雄伟，而且结构复杂，具有明清时期寺庙建筑的显著特点。

元武屯娘娘庙内存有一口明代铁钟，这口铁钟高1.4米，直径0.8米。钟上铭文清晰可见，有捐资人的姓名以及铭文：

大明万历十八年十月吉日造，涿州东关金火匠人姜九成、姜马周、姜鸣用

良乡县元五（武）屯三圣庵

从铁钟上的铭文可以得知，元武屯娘娘庙始建于1590年，已经存在500多年了。在《北京名胜古迹词典》中也记载，元武屯娘娘庙建于明代，清康熙重新整饬。由此可见，元武屯娘娘庙真有些年头了。

娘娘庙坐北朝南，为三进院落。从南门入庙，需要走过一个砖砌的高大门楼，门楼东西两侧用高耸的城墙将整个娘娘庙都包围了起来。山门大殿进深9间，采用单檐式建筑结构，檐角装饰着一个一斗三升的斗拱，红门灰瓦，透露出一种威严的气势。

前殿两侧立有两尊菩萨，它们就是佛教中享有盛名的哼哈二将。这两位大将俨然两个大力士，守卫着娘娘庙。他们上身裸露，手持金

刚杵，目眦尽裂，怒视着人间，神态非常威严，似乎想要将一切恶势力都给镇压住。

元武屯娘娘庙的哼哈二将早年为泥塑，身上绘有彩画，颜色艳丽夺目，后来被拆毁，民国时期重新修建娘娘庙的时候，改为在大殿墙壁上彩绘。

二进院正面是为明三暗九的娘娘大殿，配有东西两个厢房。西厢房以及厢内的所有建筑都在战乱中毁了，到民国时期，就只剩下东厢房了。

娘娘殿位于庙宇正中央，供奉着斗姆娘娘。斗姆娘娘是传说中诞下北斗七星的女神，是北斗七星的母亲。斗姆娘娘的形象很奇怪，它的额头上长有3只眼睛，4个脑袋，长有8个手臂，左右各伸出4个。正中间的2个手臂合掌，其余6臂分别执日、月、宝铃、金印、号、金戟。

传说中斗姆娘娘拥有通天的法力，上天下地无所不能。《北斗本命经》中提到，不管你的身份如何卑贱，运气多么不好，只要你诚心叩拜斗姆娘娘，口中称念她的名号，就一定可以祛灾消祸，获得无量的福、寿、禄。在斗姆娘娘两侧，是子孙娘娘和送子娘娘，两侧还分列着30多尊姿态各异的娘娘化身。在整个大殿中，最显眼的就是西侧

的一台大轿，黄金色的轿幔，显得雍容华贵。

在大殿脊檩上镌刻有楷体大字：

大清康熙四十三年岁次乙亥知良乡县事加一级李阴
龙……募化，住持道人杨合耀同重建。

供奉在元武屯娘娘庙里面的娘娘，个个都非常高贵，有求必应，有着众多的善男信女。每到农历四月十八这天，来自四面八方的信众就会为娘娘烧香。

元武屯的村民会在这天举行隆重的庙会，邀请戏班登台唱戏会演，宴请全元武屯的百姓。

这天，人们会在娘娘殿东侧立一台花轿，轿中娘娘低首下轿，寓意着娘娘降临人间驱灾辟邪。

传说清朝乾隆年间，乾隆皇帝去西陵考察墓地，就曾经慕名来元武屯娘娘参拜，后来还钦赐了娘娘半付銮驾，以示对娘娘的敬重。从此，就有了元武屯娘娘庙半付銮驾的说法。

元武屯娘娘庙布局独特、建筑宏伟，后来经过一系列细致的修缮，那口500多岁的古钟依然悬挂在庙中，吸引着众多香客前来。

**知识点滴**

元武屯娘娘庙建筑规模宏大，除了正面有斗姆娘娘的圣像之外，在她的后面，还有一尊"倒坐观音"塑像，由于历来都是面朝南方，而她却面朝北方，所以才被称为"倒坐观音"。

观音慈眉善目，她手拿净瓶，骑坐麒麟，左右两位童子和观音共同形成一个和谐的整体。

# 龙王庙

  在我国道教文化中，龙王行雨十分具有人情味和传奇色彩。龙不但能降雨除旱，还可以救火。

  人们在祈雨的同时，还可以捎带提一些其他方面的要求，譬如求福、长生、官职、疾病、住宅凶吉等，事无巨细，无有不及，几乎世上所有的事他都可以包揽了。

  因此，人们到处都修建有龙王庙，专门供奉龙王的庙宇。每逢风雨失调、久旱不雨或久雨不止时，人们就会到龙王庙烧香祈愿，以求龙王治水，风调雨顺，具有特别的民俗内涵。

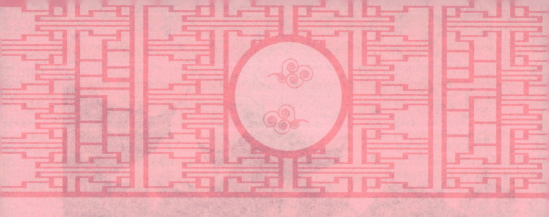

# 龙山上的京北都龙王庙

　　京北都龙王庙，坐落在北京昌平城南的龙山顶。在地方志《光绪昌平州志》中记载：

　　　　都龙王庙在龙山山巅，1357年重修。清光绪四年祈雨有灵，奏请御赐匾额，重修殿宇。

从中可以推算，京北都龙王庙建于元代，并且还可能和修建"白浮堰"有关。

白浮堰为元代水利学家郭守敬所建，沟通了白浮桥和青龙桥之间的水系，全长约82千米，是北京的供水命脉。

古时候，龙在人们心中如神明般地存在。人们普遍认为龙是掌管兴云降雨职责的神灵。在旧时的黄历上，每一年都要清楚地标注着"几龙治水"，也就是说，这一年是由哪几条龙来负责天下的降水。

老百姓们最期盼的就是"一龙治水"，因为"一龙治水"的这一年，一定是个风调雨顺、五谷丰收的年景。而"多龙治水"的年份通常都是多条龙共同管理，没有一个能够靠得住的，要不就是久旱无雨，庄稼干涸，要不就是同时降雨，水涝成灾。

其实，不管是"几龙治水"，在北方，大多都是干旱少雨的，于是，人们为了祈求能够降雨，就在很多深水潭和比较大的泉眼边修建了大小不一的龙王庙。在北京，龙王庙的数量不少，但是只有在昌平有一座都龙王庙。

至于都龙王庙中的"都"字应该怎么去理解，当地流传着两种解释：一种解释是人们认为这里的龙王最大，统管所有的龙王。龙王的种类其实有很多，在佛教教义中，有无量诸大龙王，如毗楼博义龙王，婆竭罹龙王等。在道教中也存在着诸天龙王、四海龙王、五方龙王等说法；第二种解释就是龙王庙大，是北京城北所有龙王庙的统领者。

都龙王庙坐北朝南，由正殿、东西配殿、钟楼、鼓楼、山门和照壁组成。

正殿内面南的是龙王的泥塑彩像，头戴通天之冠，身穿衮龙之袍，腰系碧玉之带，脚踏步云之履，威严却不失庄重。东侧供奉的是雷公电母，西侧是风伯云童，四周墙壁上到处都是彩绘的龙王行雨图。正殿殿内的明柱上刻有楷体大字：

九江八河天水总汇；
五湖四海饮水思源。

院内还有明清时期的五通碑刻，记载了龙王庙修葺以及祈雨的事

项。

后来，人们在对北都龙王庙进行修葺的时候，在东房山墙外庙田内发现了一通清朝时期镌刻的石碑，上刻有"都龙王庙田碑记"。碑文中记载：

吾州东南，去城五里许，有山蔚然深秀，山下有泉，水声潺潺，峰回路转，中有庙，翼然者三，一白衣庵，一龙泉寺，其峰顶则都龙王庙焉。

由此可见，都龙王庙当年的建筑规模之大。都龙王庙是昌平地区最著名的一处祈雨场所，自古以来香火都非常旺盛。

每到干旱少雨、禾苗干涸的年景，人们总是要来都龙王庙进行祭祀，祈求龙王早日行云布雨，为他们降下救命的甘霖。

祈雨的时候，人们化装成不同身份的角色，抬着供品，浩浩荡荡地去都龙王庙朝拜，然后在九龙口的面前静静等待下雨的征兆，也就是看龙王身边的净瓶中什么时候才会有水，水量是多少。

一旦看到净瓶中有了水，人们就立即相互祝贺，欢呼雀跃地庆祝这次祈雨的成功。据说都龙王庙非常灵验，只要是人们诚心诚意地祈雨，不管多少总是要下一些。也许是因为龙王受到都龙王庙附近人们的香火太多，有些近水楼台先得月的意味。

每年的农历六月十三，都龙王庙就会举行盛大的龙山庙会。龙山庙是上寺和下寺的合称，上寺指都龙王庙，下寺为龙泉寺。龙山庙会历史悠久，对昌平一带的人们来说是必须参加的一场盛会，龙山庙会从农历六月十一开始，举办3天。

庙会一开，四邻八乡的香客们就会穿上干净的裤褂齐聚在龙山庙。香客们虔诚地向龙王敬献香火，祈求风调雨顺。在龙泉寺西南的平地上有一座戏楼，每到龙山庙会的时候，一些颇负盛名的戏班就会

前来演出京戏、评剧及河北梆子。

庙会不仅只有唱戏这个单元，还要走会。首先是昌平官府的上香参拜仪式，前呼后拥的仪仗队伍，繁琐讲究的参拜仪式都是人们热衷知道的内容。

之后，就是各档花会大显身手的时候了，有城关开路、五虎棍、踩高跷、跑旱船、花跋大鼓等。其中，单腿踩高跷可以登上108级台阶，惹得人们驻足呆望，讶异表演者技术的高超。

庙会这几天，也是商贩云集的时刻，吆喝叫卖的声音此起彼伏，好不热闹。其中有专卖权子、扫帚、簸箕之类劳动用品的；有买卖夏天应时布料、雨伞、草帽之类生活用具的；有卖西瓜、酸莓汤等解暑饮料的；有卖炸面鱼等各种风味小吃的；有卖不倒翁、泥娃娃之类玩具的，一切应有尽有。

而寺内则是一副烟雾缭绕的样子，钟磬之声不绝于耳，庙内信众如织，人声鼎沸、锣鼓喧天，真是热闹极了。

白浮堰原先是通惠河的一段，后来被废弃。通惠河位于北京的东部，是元代时期挖的一个漕运河道，由郭守敬主持修建。从元朝开始，被忽必烈命名为"通惠河"。

通惠河从昌平县的白浮村神山泉开始，中间经过昆明湖，一直到达积水潭、中南海，又从崇文门转而向东流去，在今天的朝阳区杨闸村向东南折弯，一直通到了高丽庄流入了潞河，全长82千米。

目前，通惠河作为北京市的排水河道，已不能通航。

知识点滴

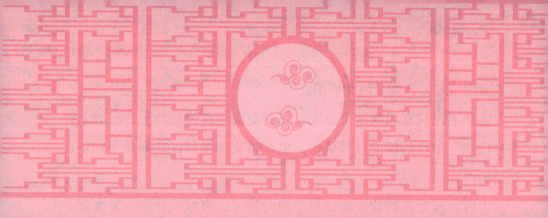

# 两江交汇处的汉口龙王庙

湖北省汉口龙王庙始建于明洪武年间，地处长江与汉水的交汇处，是"长江三大庙"之一。

传说在远古时期，江汉交汇处水流湍急，波涛汹涌，有一条恶龙

常年盘踞在江底，经常坑害附近的百姓，往来的船家都将这个地方称为鬼门关，经过此地时都要摆香叩头，并向江中扔一些鸡鸭猪羊等牺牲品，以求可以平安渡船。

大禹得知这件事之后，就命人火速铸造四方金印，经过108回合大战，用金印压在恶龙身上，恶龙无法翻身，自然就无法祸害百姓了。

后来，人们为了感激大禹的恩德，就在江边修建了一座庙，并在庙的神龛上供禹王，神龛下供龙王，后人即称此庙为龙王庙。

据《汉口竹枝词》记载，龙王庙建于1739年的清代。在明洪武年间，汉水改道，致使龙王庙附近的水域骤然缩小，岸陡水急，很多往来的船只都被瞬间倾覆了，是发生水患和事故最多的地段之一。

人们以为是龙王发怒，就纷纷对龙王进行祭拜，祈求平安。

有一年，人们为了修路，就将庙宇及牌楼给强拆了。结果，这一年突发大水，汉口被淹了两个多月，死伤人数达30000多人。相传"大

水冲了龙王庙"这个典故就源于此。

在很长的一段时间内，汉口龙王庙是有址而无庙的，只有一通石碑屹立在江畔，见证着历史的变迁。

后来，龙王庙重建，重建后的龙王庙建筑群，整体分布在一个高出水面约80米的台面上，台下是波涛起伏的龙池之水，水清鱼跃，背后是葱郁的青山，直耸入云霄。在空阔的建筑面积内，巧妙地将庙门、祈雨台、正殿和配殿组合在一起，成为龙王庙建筑群。

龙王庙庙门分别设在台地的两侧，看起来就像一个神圣的祭坛，让人忍不住顶礼膜拜。庙中心为祈雨台，通体由汉白玉雕砌而成，正中还嵌刻着巨大的太极阴阳鱼，向世人讲述着"万物负阴而抱阳""天一生水"的神秘东方文化。

拾级而上，第三层台阶上就是庄严古朴的正殿，金黄的琉璃瓦屋顶，在阳光中向世人展示着轻灵愉快的姿态。

殿内的五位龙神立像，色彩鲜明，栩栩如生，形象地将"五龙议治"的主题凸显出来。位居中央的是黄龙，象征黄帝。两边配立青、赤、白、黑四尊龙神化身。

四龙在黄龙的带领下，从大海中腾飞而出，祥云环绕，飘然凝聚在庙堂之上，共同商议着如何对人间布云行雨，庇佑人间风调雨顺，五谷丰登。

五龙腾飞，将龙健美的身姿和睥睨天下的气势表现得淋漓尽致，预示着龙的传人正在腾飞，携手创造新的传奇。所体现的"五行原理"和殿外有着"八卦图案"的祈雨台遥相呼应，将建筑风格和雕塑艺术在文化内涵上达到完美的统一，营造出一种"天人合一"的神圣境界。

龙王庙的建筑风格，将"人—建筑—环境"协调在一起，散发一种幽静深沉的美感，将传统文化中龙的世界和龙文化扩大化、迷人化，造就了一个极具独特民族风格的神奇龙宫，所有的这一切，都让人随时感受大自然最原始的野趣和古老文化的迷人风采。

后来，武汉仿唐风对龙王庙进行了重建，更名为龙王阁，占地达16500余平方米。将龙王阁建设成为了一个以龙文化为主题的建筑群。在龙王庙内有一通石碑，明确指出了汉口的由来。石碑指出：

龙王庙是汉水入江之口，乃武汉之地标，汉口之源点，汉正街之大门。

汉口者，汉水入江之口也。明代成化之初，连年大水，汉水自郭茨口下改道，于龙王庙与南岸嘴间形成唯一入江之河口，即汉口。

据了解，汉口龙王庙还有一个镇庙之宝，就是"龙钮大钟"。这口龙钮大钟直径近2米，高约2米，重3吨左右，铸造于清朝早期，后来由于种种原因不慎遗失，珍藏在法国拿破仑三世皇宫。

为了弘扬我国的龙文化，武汉按照龙钮大钟的原样，对龙钮大钟进行了复制，并重新放置在了龙王阁的下面。

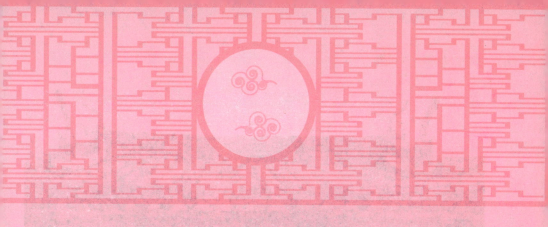

# 庙祠联楹的浦东龙王庙

上海浦东龙王庙位于浦东新区的钦公塘西侧。1733年农历七月的一天，捍海塘迎来了一场百年不遇的特大风潮，在这场风潮的侵袭下，捍海塘终于不堪重负被大水冲毁，洪流破塘而出，一路向下奔流，塘内外一片汪洋。

看到加急奏报的雍正皇帝，立马派遣南汇知县钦琏前往捍海塘修葺大堤。

钦琏一上任，就派人勘测地形，开始着手捍海塘的防御工事，朝廷拨款迟迟不到，钦链就从自己的俸禄中拿。很快，一座长约51千米的全新海塘展

现在人们的面前。

　　海塘耗费了大量的人力物力，据不完全统计，海塘共耗银67000余两，钦链几乎倾家荡产。此后，捍海塘成功抵御了浦东的多次风潮。人们为纪念钦链，感谢他为浦东百姓所做的一切，就把捍海塘改为了钦公塘，并且为他修建了一座生祠。

　　1876年，人们将钦链的生祠迁往海塘龙王庙的西侧，形成庙、祠联楹的独特格局，人称钦公堂龙王庙里面供奉着龙王、龙王夫人、钦公和钦公夫人。

　　钦公塘筑成后的几十年里，经受住了数十次海潮的疯狂袭击。有一年农历八月初二，天地一片黑暗，狂风席卷着暴雨冲向了浦东，海塘内外海浪滔天，十分恐怖。

　　等到初四退潮之后，走出家门的人们发现，海塘内外俨然就是两个完全不同的世界，塘内安然无恙，塘外满目疮痍。自此，人们更加信仰钦公，庙内的香火空前旺盛起来。

　　百姓又自发集资对钦公堂龙王庙进行过两次修葺，致使钦公堂龙王庙的规模也扩展到了1公顷，庙房达23间。

　　此后，龙王庙多次进行了修葺。在修葺的过程中，龙王庙和钦公祠合为一处，统称为"龙王庙"。不久，香港鲁班殿移屇龙王庙，庙内增添了鲁班殿，供奉着龙王、钦公和鲁班等像。

　　修缮过后的龙王庙新增了山门、前后大殿、东西厢房和凌霄宝殿，使得龙王庙的外观更具有了明清时代的园林特色和道观色彩。

　　整座大殿的屋脊上塑有九条龙，正中为"双龙戏珠"，两端殿分别为"吻龙"，二重屋脊中塑"盘龙"，两端为"吻龙"，下为"双龙吐水"，屋脊后塑有"双凤牡丹"，大殿正脊两端还塑有"大祥图"，二重屋脊下的吻龙分别塑有"狮子滚绣球"等图案，基本上集中了中华民族所有的传统崇拜。

　　殿内主供玉皇大帝，龙王和钦公分列在东西两侧。每到农历十月

十五这一天，都会举行为期3天的钦公会，道旁店铺林立，殿内香薰缭绕，热闹非凡。

而每年的农历六月十三，不同行业的人们都会齐聚在龙王庙，对先师鲁班进行拜祭。

后来，我国台湾地区人们不断地迁往浦东，这些人大都信仰妈祖，于是，在龙王庙内新建造了一座妈祖殿，祭拜的香火常年不断。

就这样，浦东龙王庙经过一步步发展，逐渐形成了融道教文化、龙文化、钦公文化、鲁班文化和妈祖文化为一体的特色庙宇建筑，使得浦东龙王庙在庙宇界独树一帜，地位非比寻常。

浦东龙王庙在历经百年的变化中，见证了浦东先民对浦东建设所付出的汗水和作出的贡献，是浦东深厚历史文化的根基所在，是浦东特有的一座历史古迹。

浦东原是一片大海，靠江海逐渐冲积成平原。先民自然筑建海塘，扩大陆地。但频繁的风、潮、旱、涝等自然灾害，也给浦东先民带来深重灾难。

从1135年以来，有死亡记载的大潮灾达50次之多。在科技不发达的当时，除筑建海塘外，人们自然信仰龙王，建龙王庙，祈求龙王治水，以保风调雨顺，求生求福。

# 财神庙

　　财神是我国民间和我国道教普遍供奉的善神之一，是我国民间普遍供奉的一种主管财富的神明。我国供奉的财神主要有7位，分别是：端木赐、范蠡、管仲、白圭、关公、比干和赵公明。

　　每逢新年，家家户户都会悬挂财神像，希望财神保佑，以求大吉大利。人生在世既平安又有财，自然十分完美，这种真切的祈望成为人们的普遍心理。求财纳福的心理与追求，充分反映在春节敬祀财神的一系列民俗活动中。

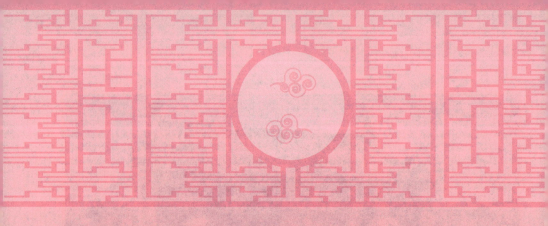

# 财神之最的杭州财神庙

浙江省杭州市财神庙位于北高峰山巅，历史悠久，文物众多。财神庙创建于326年的东晋年间，初名为灵顺寺，是杭州最早的名刹，也

是印度高僧慧理和尚在杭州所建的五灵之一。

至北宋年间，因寺庙内供奉了"五显财神"，故始称"财神庙"。后来在明代因设殿别名"华光"，故又称"华光庙"。

江南才子徐文长登山游寺时曾留下"天下第一财神庙"的墨宝，并刻匾悬挂在寺内。

整座寺庙规模宏伟，堪称华夏财神庙之最。财神庙正门为天王殿，上悬有清朝康熙皇帝钦题的"云林禅寺"御笔匾额。殿内的正面佛龛供奉弥勒佛，两侧为怒目圆睁的四大天王。弥勒佛像背面为手持金刚杵的韦陀菩萨佛像，都是南宋时期的遗物，已有700多年历史。

财神庙分前后二进，主要供人们参拜祈福，特别是春节前后来这里的人很多，大多烧香以祈自己可以来年生意兴隆，为此，财神庙的名称在民间更为普遍。庙内有御道踏石、连升三级等石刻文物。

由于寺存山顶，多数祈福之人都坚持放弃任何交通工具，徒步走韬光古道上山，以示虔诚。

庙的左边财神的府邸，供奉武财神关公。庙前中间是一个香坛，坛内香烛林立，烟雾缭绕，虔诚的人们双手合十，祈求财神的庇佑。

正殿为重檐式，檐牙高啄，雄伟庄严。中间是一尊高7米左右的佛像，为"财神真君"，财神真君黑面浓须，骑黑虎，一手执银鞭，一手持元宝，全副戎装，威武异常。

相传，财神真君姓赵名郎字公明，是终南山人，发明了担、钧、斗、升、角和尺等度量衡。他在与别人交易的过程中，一直秉承"君

子爱财取之有道"的原则，主张义中求利、公平买卖，把道德、信誉放在首位，因此生意兴隆。

后来，赵公明受到了朝廷的迫害，避世峨眉山修道，最终修成了驱雷役电、呼风唤雨、除瘟剪疾、保病禳灾的高超道法，得到玉帝的赏识。先后敕封为"神霄宝殿主领雷霆副帅""值殿大将军""上清正一玄坛飞虎金轮执法赵元帅"等职。

姜子牙奉元始天尊敕命封神，令其统领"招宝天尊萧升""纳珍天尊曹宝""招财使者陈九公"和"利市仙官姚少司"4位神仙，专司迎祥纳福、商贾买卖，合称五路财神。

这5位财神实行分工责任制，赵公明负责中央地带，兼顾东南西北四面八方，故又称"中路财神"。因为赵公明生于除夕子时，两年之际，所以商人们在除夕夜都要在家一夜坐到天亮，迎接可以为他们带来东方、南方、西方、北方与中央5个方位的财运。

在财神真君旁，供奉着五姓财神，两侧还有许多小神，有寿星、禄神、福神、平安神，也有医神、喜神等，还有鲤鱼跳龙门、麒麟送子、月下老人等。

五姓财神的身色分别是绿、白、红、黄、黑财神。绿财神受释迦牟尼嘱托，为一切贫苦大众转法轮，赐予世财、法财，居于五姓财神的中央，是由无上瑜伽部的不二续"时轮金刚本续"所传出的，为东方不动佛所现的应化身。

白财神主司智慧、功德及财富，相传为观世音菩萨悲心所化现，以身为白色，表示能使一切众生具足洁白妙好之财宝，能祛除疾病，除去一切贫苦和罪恶障碍，增长一切善业。

红财神是萨迦派中一位功德无比的财神，能招聚人、财、食等诸受用自在富饶的功德，在藏密萨迦派中，非常重视红财神的密修方法及教言。修习红财神法，持诵念咒，可获得红财神护佑，财源茂盛，能免除贫穷及一切经济困境。

而此修法也随着修行者的发心获得不同的果报，如果是发起无上菩提心者，则可得证世间及出世间福德圆满，若是求世间财富者，也可满足，若是赤贫者，也可获得食物充足的利益。

黄财神名为藏巴拉·些玻，主司财富，能使一切众生脱离贫困，财源广进。当初释迦牟尼佛在灵鹫山宣说大般若经时，诸魔鬼神等皆前来障碍，令高山崩塌，此时黄财神就现身庇护，后来为世尊嘱咐黄财神，当于未来世助益一切贫困众生，为大护法。

诚心诵持黄财神心咒，可获得其庇护，能财源广进。如果能发生无上菩提心，发愿救度一切众生于贫困，则福德更不可限量。

有许多人认为黑财神是五姓财神中施财立即见效的财神，甚至称他为财神王。修持黑财神法门，可获其庇佑，使诸受用财富增长。

大雄宝殿为三层重檐构造，雄伟庄严。殿内正面为释迦牟尼莲花坐像，用香樟木仿唐代佛像雕刻而成，佛像外敷金箔。两侧为十八罗汉造型，姿态各异，栩栩如生。

释迦牟尼像的背面是大型彩塑群像"善财童子五十三参"，正中是手执净瓶的南海观音，周围的彩塑中刻画了150多位佛教和传说中的人物，其中也包括托塔天王、韦陀菩萨、孙悟空、四大天王、济公等造型。

在财神庙的后方为高峰塔，建于唐天宝年间，塔身为7层，据传由当时山顶灵顺寺的僧人子捷所建，塔建于北高峰最高处的马坞。相传塔旁还有无着禅师塔一座，但后来已经不慎被毁了。

历史上的财神庙是一座融佛教文化与民俗文化为一体的特色古刹。该寺除弘扬佛教文化以外，也将华夏民族的文化融入其中。

寺院中供奉了许多我国民间流行的吉祥之神，将人们所期盼的"福、禄、寿、喜、财"等良好意愿均包含其中，威名不胫而走，四方的香客信士不远万里前来拜祭，以求赢得一年的幸福安康，财源广进，成为风景如画的杭州美景中一道独特的人文景观。

知识点滴

无着禅师塔是无着禅师瘗骨的藏所。无着禅师名文喜，唐肃宗时期人，7岁的时候在常乐寺出家。后来参谒大慈山性空禅师，开始周游天下。在五台山礼文殊菩萨圆寂之后，塔建于灵隐山的西坞。

有一年，大将韩侂胄在杭州起兵叛乱，放纵自己麾下的将士在城中抢掠百姓的财物。

一天，他们来到北高峰，打开无着禅师的塔门，将士们惊奇地发现无着禅师的肉身完好，头发、指甲都已长长，仿佛睡着了一般。目睹这个情景的人都感到十分震惊，祭拜之后悄悄离开了杭州。

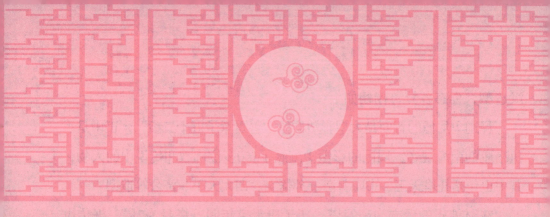

# 赵公故里的周至财神庙

　　周至财神庙位于财神赵公明的故里，也就是陕西省周至赵代村。赵公明财神建设有核心建筑院落三进财神殿。

在财神殿东西南北都建有赵公明统帅的四路财神偏殿，四周的偏殿和小庙供奉有妈祖、黄大仙、关羽、文财神、武财神。华夏众多的财神构成了一个比较完整的众神体系，后来经过扩建逐渐形成文化区，是一个民俗吉祥福神的综合展示区。

赐福殿是赵公明财神庙三进财神殿格局中前殿建筑院落的主体建筑。为六柱五间歇山顶式建筑，殿内供奉了九天财神、赐福天官和增福财神3位财神，赐福殿因赐福财神而得名。

增福财神本为"李相公讳诡祖，在魏文帝朝治相府事"，兼管隋朝三品以上官人的衣饭禄料。直到后唐明宗天成年间，被赐为神君增福相公，俗称为增福财神。

赐福天官也称紫微大帝，隶属玉清境，传说天官由青、黄、白三气结成，头戴如意翅丞相帽，五绺长髯，身穿绣龙红袍，扎玉带，怀抱如意。每逢农历正月十五天官就会下人间降福赐福，称天官赐福。

九天财神，即九天如意增福财神，文官礼服，头戴乌纱，右手执如意，左手捧元宝，前置聚宝盆，主司人间的财运和幸福。

　　财神殿为重檐歇山顶式建筑，是整个财神文化区中形制最高的建筑，也是财神文化区的核心建筑。大殿高为34米，共有4层。

　　大殿第四层为供奉华夏正财神赵公明的主殿，赵公明，姓赵名朗，也称玄朗，又称赵玄坛，是周至县赵大村人士，在封神台上被封为"金龙如意正一龙虎玄坛真君"，简称"玄坛真君"。

　　统帅"招宝天尊萧升""招财使者陈九公""纳珍天尊曹宝""利市仙官姚少司"4位神仙，专司金银财宝，迎祥纳福，掌管天下的财富，被称为华夏正财神。

　　大殿第三层为祈福朝拜区，是一个庄严、宁静的祈福朝拜的场所。

　　大殿第二层有正财神赵公明展示区、武财神关羽展示区、文财神

比干展示区、文财神范蠡展示区等，通过雕塑、壁画、文字资料等向人们展示我国的财神文化。

妈祖殿位于赐福殿的西南侧，是六柱五间歇山顶式建筑，殿内供奉的是广受东南沿海民众崇拜的妈祖娘娘。妈祖又称天妃、天后、天上圣母、娘妈，是历代海洋贸易者、船工、海员、旅客、商人和渔民共同信奉的神祇。

在我国的福建、广东、海南、台湾等地有广泛的妈祖信仰，许多沿海地区都建有妈祖庙。妈祖的真名为林默，小名默娘，因默娘生前与民为善，故死后被沿海人民尊为海上女神，并立庙祭祀。

三霄殿是赵公明财神庙三进财神殿格局中后殿建筑院落的主体建筑，为四柱三间歇山顶式建筑，殿内供奉云霄青鸾、琼霄鸿鹄和碧霄花翎鸟。

她们都是《封神演义》中的人物，后被封为"感应随世仙姑正神"，执掌混元金斗，并掌管人间的生育，被民间奉为财神。

相传，她们是华夏正财神赵公明的3个妹妹，她们原在碣石山上的碧霞宫中修炼，炼成了金蛟剪和混元金斗两件法宝，并善于使用各种阵法。三霄殿正中供奉着三霄娘娘的神像，殿堂左右两侧墙壁则绘制有《大摆黄河阵》《三霄女伏虎》两幅壁画。

问道阁位于财神殿西边，是整个建筑群的地标性建筑。问道阁外6层内13层，为杂式屋顶建筑，总高为43米，登临问道阁，西望楼观台，取"问道楼观"的文化意蕴。

关帝庙位于财神庙的西侧，是八柱七间悬山顶式建筑，供奉的是武财神关羽及其儿子关平和侍从周仓。关羽字云长，是三国时期蜀国的名将。

关羽去世后，其形象逐渐被后人神化，一直是历来民间祭祀的对象，被后来的统治者崇为"武圣"，也是家喻户晓的财神。

庙内供奉武财神关羽，因其千百年来集勇猛、讲义气、忠贞节义于一身，被称为关圣帝君，保护商贾之神，因而成为武财神。

古代的人们极其讲"信用"、讲"信义"，而关羽作为"侠肝义胆、义薄云天"的榜样极受商人重视，被作为榜样而祀奉，尊为义财神。清代被奉为"忠义神武灵佑仁勇威显关圣大帝"。

武财神关羽两侧供有其子关平和侍从周仓的雕像，殿堂左右两侧墙壁则装饰有《智勇神武》、《义薄云天》的壁画，以显示关帝爷忠肝义胆、义薄云天的威武形象。

护国殿是一个八柱七间悬山顶式建筑，殿内供奉的是文财神比干和范蠡。比干原是商朝大臣、殷纣王的叔父，忠耿正直，因劝谏而惨遭剖腹挖心。

民间传说比干后来被姜子牙用灵丹妙药救活以后，因为没有了心，不偏不向，办事公道，童叟无欺，因而被奉为文财神，主管人间禄马财源。

范蠡是春秋时期越国的大臣，足智多谋，曾帮助越王勾践打败吴王，成就霸业。事成后，范蠡却隐姓埋名，到齐国经商发了大财，发财之后，却又把所有钱财散分给朋友与亲戚。

如此反复3次，最后在陶邑定居下来，自称陶朱公。由于范蠡能发家致富，又能散财，便也被人们奉为财神。

比干和范蠡两尊财神左右两边均立有两位仙卿，殿堂左右两侧墙壁则绘制有两幅关于范蠡和比干故事的壁画，而神位后的屏风正反面则绘有沥粉贴金的《云鹤吉祥图》壁画。

赵氏宗祠位于整个园区的西北角，赵姓乃百家姓首位，华夏赵姓中以赵公明传为最早，赵公明虽贵为财神，但实为赵氏先祖，在财神文化区内兴建赵氏宗祠，意在为赵氏子孙提供寻根朝拜之地。

陕西周至财神庙历史悠久、气势恢宏，有着自己独特的价值和意义。它是我国古代财神文化发展的结晶，作为珍贵的文化遗存，将永远向后人揭示着我国财神文化的丰富内涵。

**知识点滴**

相传财神庙里财神身边总有一位美丽的财神娘娘陪伴。后来这位善良的女菩萨不知去向，原来她被财神爷给休掉了。财神爷为什么要休妻呢？

从前，有个叫花子无路可走，讨饭路过一座庙。进庙后，直接拜倒在财神爷像前，口里念念有词请财神爷赐财。

财神爷见是一个叫花子，心想连香烛都舍不得点，还来求财？岂有此理！财神娘娘动了恻隐之心，劝财神发发善心。可财神爷不理睬，娘娘无奈取下自己的耳环，扔给了叫花子。

乞丐眼前一亮见是一副金耳环，知道是财神所赐，急忙磕头，连呼"谢谢"。财神爷睁眼一看，娘娘竟将自己送她的定情物送给了叫花子，气得大发雷霆，将财神娘娘赶下了佛龛。自此以后，财神庙再也没有财神娘娘了。

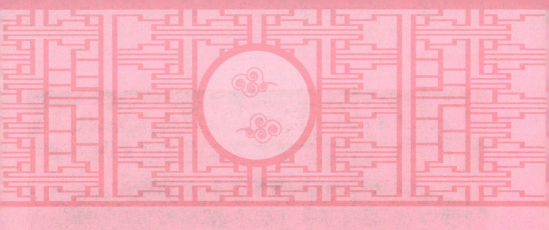

# 雍正特修的黄瓦财神庙

　　黄瓦财神庙位于北京市南锣鼓巷，始建于明末，因为这座庙是用黄琉璃瓦做顶的，所以被当地人称为"黄瓦财神庙"。

　　北京的庙多，尤其是供财神爷赵公明的庙更多，但一般的财神庙都是很小的，没什么气派，房顶上多使用灰筒瓦，黄瓦除宫殿以外是

不准使用的。可这座财神庙为什么是黄瓦呢？

相传，此庙原来也是灰筒瓦顶，是雍亲王胤禛每天上朝的必经之地。雍亲王胤禛并不是长子，又不是皇子当中最有作为的，每当走过这儿时，他总是心里祷告：赵公元帅呀，你要有灵，就保佑我当皇帝。

有一次，他居然下马进去朝拜，而且还许愿："将来如果我能当上皇帝一定重修此庙，再塑神像，财神爷您要什么，我就给您什么。"

这天夜里，胤禛做了一个梦，梦见财神爷向他面授机宜，说只要按着他的办法，将来保准能登上皇位。于是胤禛就按照财神爷的办法，从全国各地搜罗了一批鸡鸣狗盗之徒。他大把大把地给这些人送黄澄澄的金子、白花花的银子和五彩缤纷的珠宝翠玉，这些人收了胤禛的钱财，死心塌地为他效劳。

后来，胤禛的势力越来越大，在宫中的威信也越来越大，这当中特别难的一件事，是换传位诏书。传位诏书密封在紫禁城太和殿金銮宝座上面正当中的"正大光明"匾后面一个小匣子里，离地足足有10米多高。

太和殿又守备森严，这伙人硬是把康熙皇帝用3道金锁密封的传位诏书偷了出来，把原来"传位十四皇子"的这句话，换成"传位于四皇子"。

这可是掉脑袋的事，甚至是灭九族的大事，都有人给他干。为什么呢？原来胤禛就是按照财神爷托梦时教给他的法子：给钱，多多地给钱。

圣祖康熙帝驾崩时，雍亲王胤禛又到庙内祷告。果然不久就登上了皇帝的宝座，遂了心愿。他高兴极了，但是并没有忘记登基前许下的愿，那就是重修财神庙。

于是，胤禛派人将原来的小庙拆除重修，并且使用了至高无上的黄琉璃瓦，用于报答保他登上皇位的财神爷。从此，在一片民居房中便出现了一座神秘的金光灿灿的财神庙，老百姓都叫它"黄瓦财神庙"。

财神庙正殿面阔3间7.2米，进深3.8米，虽占地不大，但却气势恢宏，庄严肃穆。屋顶起五脊，主脊有鸱吻，4条垂脊各有仙人、三兽。

檐下斗拱两挑，廊檐又长又宽，梁柱等结构构件硕大，并绘制有精美的纹饰。纹饰曲线型富有动感，混合型则变化多端，并各自有其吉祥的寓意。

四周镶以蝙蝠、荷叶、灵芝、牡丹等图案，寓意洪福齐天、富贵吉祥等。整体造型美观大方、有繁有简、错落有致。

庙内供财神、药王和鲁班，所以又称"增福财神庙"。财神赵公明居于中央，黑面浓须，骑着黑虎，一手执银鞭，一手持元宝，身着戎装，威严肃穆。

俗传财神有文武之分，文为比干，武为赵公明，即赵玄坛，赵玄坛秦时避乱隐居终南山中，精修得道，能驱雷役电，除瘟剪疾，祛病禳灾。

每年的农历三月十五是赵公明的神诞，在这天进行祭祀，就能使买卖兴隆，发财致富，因此香火极盛。两侧配饰的是药王和鲁班。

药王爷塑像慈眉善目，三缕长髯，一手捧着药书，神情专注，陪祭在周围的还有一些药童，他们有的手捧药书，有的手持药锄、药筐，有的手拿尘拂，造型各异，栩栩如生。

鲁班姓公输，名般。春秋战国时期的鲁国人，他出身在一个世代都是工匠的家庭，在父兄的影响下，逐渐掌握了生产劳动的技能，积累了丰富的实践经验，是我国古代杰出的发明家，被我国的土木工匠们尊称为祖师。每年的农历六月十三，不同行业的人们都会齐聚在这里对先师鲁班进行拜祭。

在这些塑像的前面摆有一个大供案，上面放置着一个高大的铜铸香炉，直径大约0.8米，香火繁盛。

在殿内的四周墙壁上绘制有大量的壁画，内容多为和财神赵公明、药王、鲁班相关的壁画，人物线条流畅，造型丰满，是壁画艺术中不可多得的珍品。

在财神庙的西侧是北锣鼓巷，北锣鼓巷呈南北走向，在清代属于镶黄旗。相传北锣鼓巷的名称来源于平民命名的锣锅巷，还有人认为此处因多锣鼓之商，又在鼓楼东大街的北面，所以才得名。

在我国民间，有关雍正皇帝的传说有很多，最多的就是篡改康熙皇帝传位遗诏。传说中雍正皇帝将诏书中"传位十四子"的"十"字，改为"于"字，使诏书中"传位十四子"成了"传位于四子"。

其实这种说法只需要细细一想，就是漏洞百出的。汉文字没有简化以前，"于"字的写法为"於"，所以将"十"字改为"于"字的说法是站不住脚的。

还有按照大清国惯例，圣旨必须用满汉两种文字书写，汉字可改，满文如何改呢？并且，大清国书写习惯，凡涉及皇子的写法必须写为"皇四子""皇十四子"，这种惯例，在皇室其他档案中都存在，所以"雍正篡改圣旨"的说法是无法成立的。

知识点滴

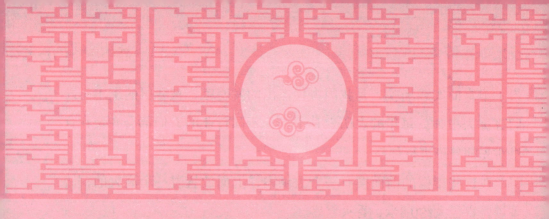

# 风情浓郁的织金财神庙

　　织金财神庙位于城关镇城北，始建于"改土归流"后的清康熙初年，并在1783年的乾隆年间进行大规模的重建。

　　据文献记载及口碑资料称，财神庙虽然在选址定位上依据汉文化的易经学说，但是庙的设计建造则属于水西地区的彝族文化。

　　因为当时是请一位彝族建筑师设计和施工，工程还没有完成建筑师便积劳成疾与世长辞了。幸好他有一个技艺也很高超的女儿。

　　女儿继承父亲遗志，锲而不舍，尽心竭力，终得大功告成。从而使财神庙成为了水西地区彝族建筑物中水平最高的典型。

普天下在家中供奉财神爷的人很多，但是却没有任何一个地方为财神爷修建一个公众的庙宇。

只有在织金才修建了这样一座规划宏伟、气势非凡的财神庙。而且其选址定位、设计结构、装饰色彩，都具有很显著的地方民族特色，并具有上乘的文化品位，不愧为黔西北水西地区绝无仅有的一个古建奇观。

财神庙打破传统的建筑格局，庙基呈"品"字形，正面平齐，长7间，宽21米。北面中部凸出，长5间，宽15米，进深6间，深16米。

财神庙有四重脊檐，底层屋面为庑殿顶，第二、第三、第四层屋面均为逐层内收的歇山顶，从侧面看去，3个"人"字形档山逐层垒迭，非常美观。每个翼下有各式各样的兽形木雕撑拱，所有门窗均为精心镂空或浮雕的各类图案或花纹。

特别与众不同的是，财神庙打破常规将背面第二层楼的瓦面中部刻意拉长，与第一层瓦面连接成片，使背面为3层，而前面则是4层。整个建筑就像一头坐地的老虎，坐北朝南，虎虎有生气。

　　财神庙虽然称为庙，但它并不是佛教的寺庙，也不属于道教或者其他教派，在本质上完全属于民间文化。

　　庙内供奉的财神爷，名叫赵公明，被玉皇大帝封为玄坛元帅，其职权为策权三界、巡察五方，提点九州；又能驱雷役电，呼风唤雨，除病祛邪，保天下平安；又善断公道，主持正义，更能保虔心向善的人们发财致富。

　　这样一个喜气旺盛之神，人们自然是喜欢进行供奉的，所以香火一直都异常繁盛。

　　在色彩装饰方面，财神庙的装饰是以黑色为主。黑色是水西彝族最珍视的颜色。而隔扇门，雕花窗、木板墙又都涂上了土红色。

　　这样红黑相间，正是彝族民俗中常用的色彩，用在这老虎形状的财神庙上，又象征老虎皮，可以辟邪。而层脊、屋檐、翼角等醒目的地方又用石灰粉糊成白色，线条明快，清新悦目，又象征老虎的耳朵

和眼睛。

还有，整个建筑的许多木雕、灰塑图案，又都突出表现在彝族民间美术中的虎头纹饰。

那么，为什么要将财神庙建成一个黑虎形状呢？因为在彝族人们的心目中，黑虎是镇山之宝，是保卫地方的大将军，是水西江山永固的象征。联系到财神赵公明以黑虎为坐骑，就进一步说明财神庙象形于虎是彝汉文化的合璧之作。

整个财神庙共有36条屋脊，18个翼角，18个铜铃，都是9的倍数。这是由于古代彝族以9为最吉利的数字。

著名的水西女土司奢香夫人坐镇的是9层衙门，彝族地方政权实行的"九扯九纵"官制。这些属于彝族传统文化的内容，完美地体现在了这座财神庙的结构上。

财神庙不仅是水西地区彝族传统建筑的典型，而且它的建筑造型，特别是它的层面结构，具有极为高超的学问，是我国古建筑中独树一帜的。

财神庙优美的造型，风格独特的装饰，使一座庞然大物显得和谐凝重，飘洒轻盈，具有赏心悦目的艺术效果。更可贵的是，财神庙在我国国内是绝无仅有的，相似的建筑也只有日本名古屋的天寿阁，而原有的天寿阁已经被毁掉了。

在财神庙的周围还有一个织金洞，是我国的一座规模宏伟，造型奇特的洞穴资源宝库。洞深近万米，两壁最宽处173米，最高达50米。洞腔最宽跨度175米，相对高差150米，一般高宽均在100米之间，洞内总面积70万平方米。

织金洞划分为11个大厅47个厅堂，呈现出万千气象和无限的风光。"地下塔林""铁山云雾""寂静群山""百尺垂帘""广寒宫""灵霄殿""银雨树""卷曲石""普贤骑象""婆媳情深"等一幅幅大画卷，一处处小情景，令人心魄震惊，叹为观止。

**知识点滴**

关于织金县财神庙的来历，还有一段记载。

1666年，清朝康熙皇帝始置平远府城。首任知府刘勇聘请了民间地理先生黄阴阳设计城池的布局。黄阴阳依据易经原理，所有的建筑都按易经八卦方位选址。将知府衙门选在西北方向乾位，面对东方的震位，可实现上令下行之速。

而财神庙选址则出现于这么一种考虑：织金城内外有泉水85处，又有两河交汇，显然是水旺克火，不利于城中的安全和发展。于是，黄阴阳便令人铸了18口大锅，将黑龙潭全部掩盖锁住，才在上面修建财神庙。